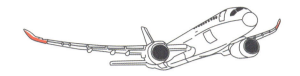

やさしく学ぶ
エアライン・ビジネスの世界

株式会社JAL航空みらいラボ

インプレス

2次元コード・小テストについて

書籍の各章末には、小テストが付いています。**スマートフォンで2次元コード**を読み取ることで、その章の内容を確認するための小テストにアクセスできます。この小テストは、章ごとの内容の理解度を確認するためのものです。

一問一択形式で問題に答えた後、正解と採点結果が確認できます。基礎知識をしっかりと身につけるために、ぜひ満点を目指して挑戦しましょう！

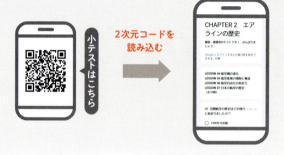

本書に掲載されている情報について

- 本書の内容は、執筆時点（2025年2月）までの情報をもとに執筆されています。各社が提供するサービスや製品、Webサイトなどは変更される可能性があります。
- 本書の内容によって生じる、直接または間接被害について、著者ならびに弊社では、一切の責任を負いかねます。
- 本書に記載されている会社名、製品名、サービス名などは、一般に各社およびサービス提供会社の登録商標、または商標です。なお、本書ではTMおよび®マークは明記していません。

Copyright©JAL AVIOFUTURE LAB Co., Ltd. All rights reserved.

本書は著作権法上の保護を受けています。本書の一部あるいは全部について（ソフトウェア及びプログラムを含む）、株式会社インプレスから文書による許諾を得ずに、いかなる方法においても無断で複写、複製することは禁じられています。

エアライン・ビジネスの世界にようこそ

　日本で戦後初の国際線定期便が就航してから70年あまり、エアライン・ビジネスを取り巻く環境は時代とともに大きく変化してきました。記憶にも新しい新型コロナウイルスの流行では、航空会社は会社存続の危機に瀕しました。

　一方で、自由な移動が制限されたコロナ禍は、航空会社の社会で果たすべき役割を再確認する機会にもなりました。

　航空は単なる人やモノの移動手段にとどまらず、世界中の人々を結び、異なる文化や価値観を理解し合うための架け橋となります。そしてグローバルなビジネスを推進し、観光を通じた経済発展や地域活性化にも大きな役割を担っています。島国である日本において、航空はこれからの発展に重要な社会インフラなのです。

　本書は、日本航空が行っている大学講義の資料をもとに、エアライン・ビジネスの現状と課題を分かりやすくまとめたものです。航空業界になじみがない方にも理解しやすいよう、できる限り図表やグラフなどを多く用いて解説を加えました。

　本書を通じて、エアライン・ビジネスの魅力を知っていただき、航空業界への理解を深めていただければ幸いです。それでは、エアライン・ビジネスの世界を一緒にのぞいてみましょう。

株式会社 JAL航空みらいラボ

やさしく学ぶ
エアライン・ビジネスの世界
CONTENTS

エアライン・ビジネスの世界へようこそ ……… 3

CHAPTER 1　産業概要
世界と日本の航空事情　9

LESSON 01	世界の航空市場の大きさ	10
LESSON 02	日本における航空市場	14
LESSON 03	航空産業の特性	17

この章のまとめ　22

CHAPTER 2　産業概要
エアラインの歴史　23

LESSON 04	航空機の進化	24
LESSON 05	航空産業の規制と権益	26
LESSON 06	航空自由化の始まり	30
LESSON 07	日本の航空の歴史	33

この章のまとめ　36

CHAPTER 3　産業概要

エアラインの現状と課題 37

LESSON 08　航空業界とイベントリスク 38

LESSON 09　コロナ後の事業構造変革 41

この章のまとめ 48

CHAPTER 4　産業概要

空港の現状と課題 49

LESSON 10　空港の現状と課題 50

LESSON 11　空港の財源と空港の民営化 56

この章のまとめ 60

CHAPTER 5　経営

エアラインのビジネスモデル 61

LESSON 12　FSCとLCCのビジネスモデル 62

LESSON 13　航空機材の選定と導入 69

この章のまとめ 72

CHAPTER 6　経営

提携とアライアンス 73

LESSON 14　FSCのネットワーク戦略 74

この章のまとめ 80

CHAPTER 7 経営

商品・サービス戦略・販売戦略 81

LESSON 15 商品・サービス戦略 82

LESSON 16 販売戦略 88

この章のまとめ 94

CHAPTER 8 経営

貨物事業 95

LESSON 17 航空貨物輸送の特徴 96

LESSON 18 航空貨物のビジネスモデル 100

Voice 航空貨物を支える使命とやりがい 104

LESSON 19 航空貨物の社会的役割 105

LESSON 20 航空貨物の課題 108

LESSON 21 JAL の貨物戦略 110

この章のまとめ 112

CHAPTER 9 業務

安全とリスクマネジメント 113

LESSON 22 航空安全 114

LESSON 23 航空保安 121

Voice 航路上の安全の確保 124

LESSON 24 航空とリスクマネジメント 125

この章のまとめ 128

CHAPTER 10　業務

運航乗務員 129

LESSON 25	運航乗務員の役割と責任	130
LESSON 26	運航乗務員の業務の流れ	132
	Voice　運航品質の8割は準備で決まる	134
LESSON 27	運航乗務員のキャリア	135
LESSON 28	安全への取り組み	138
この章のまとめ		142

CHAPTER 11　業務

客室乗務員 143

LESSON 29	客室乗務員の役割	144
LESSON 30	客室乗務員の業務	147
LESSON 31	客室乗務員の業務の流れ	151
	Voice　安全とサービスのプロフェッショナルとして	155
この章のまとめ		156

CHAPTER 12　業務

グランドスタッフ・オペレーション業務 157

LESSON 32	グランドスタッフ	158
	Voice　安全運航を支え、心を届ける仕事	164
LESSON 33	オペレーション業務	165
この章のまとめ		172

CHAPTER 13 業務
航空機整備 ... 173

- LESSON 34 　航空機整備の目的と概要 ... 174
- LESSON 35 　航空整備士のキャリア ... 179
- LESSON 36 　新技術による整備の変革 ... 181
  - Voice　安全運航をデータとAIで支える ... 183
- LESSON 37 　環境配慮への取り組み ... 184
- この章のまとめ ... 186

CHAPTER 14 将来展望
サステナブルな航空輸送に向けて ... 187

- LESSON 38 　今後の課題とESG経営 ... 188
- LESSON 39 　環境問題への対応 ... 190
  - Voice　産学官連携でのマングローブ植林と地域活性化 ... 196
- LESSON 40 　人口減少の影響 ... 197
- LESSON 41 　航空人材不足への取り組み ... 201
- この章のまとめ ... 206

おわりに ... 207

CHAPTER 1

産業概要

世界と日本の航空事情

この章のゴール

世界や日本の航空産業の状況について、
概略を理解する。

航空産業の特性について理解する。

LESSON 01
世界の航空市場の大きさ

航空機はバスや電車などと比較して利用頻度は高くありませんが、国際的な「人」や「モノ」の移動を支える重要な役割を担っています。ここでは、航空市場が世界的に成長し続けている現状を見ていきましょう。

航空利用者の規模

　世界の総人口はどのくらいかご存じでしょうか？ 国連によれば、2019年には約77億人、2024年には約82億人に達しました。現在、最も人口の多い国は中国を抜いてインドです。では、その人口に対して航空利用者はどれくらいでしょうか？ IATA（国際航空運送協会）の発表によれば、2019年の航空利用者は約45億6千万人、2024年は約49億人でした。ただし、これは延べ人数であり、利用回数を人数換算しているので、総人口の約55％が航空機を利用したわけではありません。とはいえ、みなさんが想像されているよりも航空利用者の規模が大きいことは理解いただけると思います。

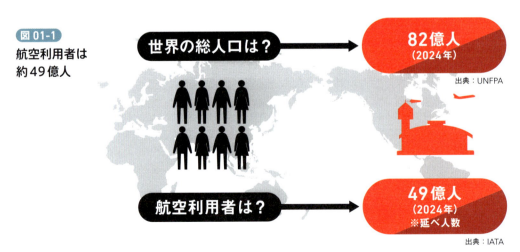

図 01-1
航空利用者は約49億人

航空旅客数の推移

2019年まで、世界的に航空旅客規模は順調に拡大してきました。2001年のアメリカ同時多発テロや2008年のリーマンショック、2009年の新型インフルエンザなど、「イベントリスク」と呼ばれるマイナスの社会情勢の影響を受けながらも、この20年間で約3倍の規模に成長しました。

特にアジア・太平洋地区の旅客数の伸びは非常に大きく、北米・欧州地区を合わせた人数に迫りつつありました。2020年の新型コロナウイルスの影響で航空需要は大きく落ち込みましたが、その後の収束に伴う各国の移動制限の緩和で再び成長基調になり、2043年には79億人まで航空利用者は増えると予想されています。

CHAPTER 1　世界と日本の航空事情

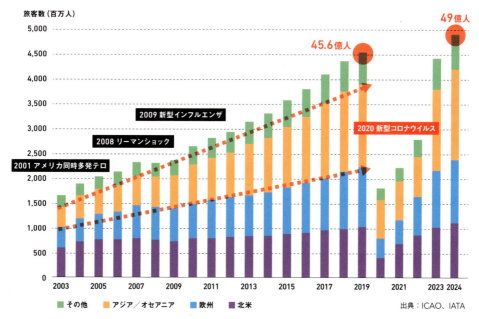

グラフ01-1　航空旅客利用者数の変遷

出典：ICAO、IATA

※ 2023年と2024年の各地区の人数内訳は推定値。また2024年の総旅客人数はIATAによる最新の推計値

世界の航空旅客数は、2019年度総計で年間45億人を突破。世界情勢の影響を受けながらも、20年間で約3倍の規模に成長しました。

LESSON 01 世界の航空市場の大きさ

大手エアラインの勢力図

過去20年で、欧州、北米、中国を中心に世界の航空業界では大規模な再編が進みました。現在では、欧州、北米、中国、中東の各地域に3大航空会社が存在し、中核を担っています。欧州ではEUの経済改革、北米では規制緩和と経済変動、中国では航空政策の変更が再編の主因です。2000年前後には、欧米の中核航空会社が世界的なアライアンス（航空連合）を結成し、地域ごとに3大航空会社を中心に運営されています。

一方、アジア・オセアニアでは、LCCが台頭し、市場の主要勢力となりました。中東の航空会社は、自国の地理的優位性を活かした新たな独立勢力として成長を遂げています。

図 01-2 各地域の主要エアライン

欧州3大航空会社
Lufthansa
AIRFRANCE
British Airways

LCC
Ryanair
easyJet

中国3大航空会社
中国国際航空
（Air China）
中国東方航空
（China Eastern Airlines）
中国南方航空
（China Southern Airlines）

LCC
春秋航空
（SPRING AIRLINES）

中東3大航空会社
Emirates
Qatar Airways
Etihad Airways

日本
日本航空株式会社
（Japan Airlines）
全日本空輸株式会社
（ALL NIPPON AIRWAYS）

アジア・オセアニアの主な航空会社
Qantas
Singapore Airlines
Cathay Pacific Airway

LCC
AirAsia
Lion Air

北米3大航空会社
American Airlines
Delta Air Lines
United Airlines

LCC
Southwest Airlines
JetBlue Airways

IATA：International Air Transport Association（国際航空運送協会）には世界130カ国より約330社が加盟している。

北米 大手が統合し、路線をすみ分けている。需要の旺盛な国内線を基盤に盤石な体制

中国 国内線・国際線ともに今後の大きな成長が見込まれるが、国の政策の行方による影響も大きい

アジア アジア域内はFSCとLCCの競争が激化。長距離路線では中東勢がシェアを伸ばしている

欧州 アジア同様競争は激しいが、中東勢が攻めにくい大西洋線を生命線として成長

中東 世界のハブになる戦略で急成長を続けてきたが、近年は中東に観光目的で訪れる需要の取り込みにも力を入れている

POINT LCCとは?

独自のビジネスモデルで低運賃を武器にする新興航空会社をLCC（Low Cost Carrier）と呼びます。対して、従来型の航空会社をFSC（Full Service Carrier）、もしくはレガシーキャリア（Legacy Carrier）ともいいます。

航空旅客数の長期需要予測（2024〜2043年）

　航空産業はテロや疫病、世界経済の変調といったイベントリスクにより、しばしば成長を阻害されますが、2024〜2043年の長期予測では、年率でおおむね5%程度の伸びが見込まれています。特に東南アジアや南アジア、アフリカなど、これからも人口が増え、経済が拡大する地域では、年率6〜7%台の高い伸びが見込まれており、航空は今後も継続して成長を続ける産業といえます。

図 01-3　今後20年の世界平均成長率は4.7%（各地域の成長率予測）

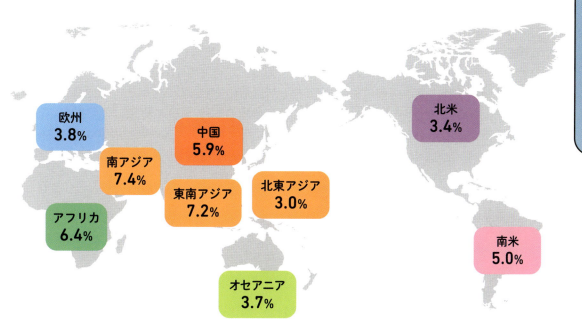

出典：Boeing Commercial Market Outlook 2024-2043

CHAPTER 1　世界と日本の航空事情

LESSON
02
日本における航空市場

航空産業は日本においても重要な役割を担っています。ここでは日本における航空市場の規模と、航空が日本の観光戦略における「インバウンドの推進」になくてはならない産業であることを学びましょう。

日本の航空旅客数

　以下は、コロナ禍を含む40年間における日本の国際線定期便と国内線定期便の利用者数と座席利用率の推移です。戦争や災害といったイベントリスクの発生により一時的な落ち込みはあるものの、利用者数は右肩上がりに増加しており、国際線の利用者数はコロナ前までの約40年間で約5倍に増加しています。また座席利用率も70～80％の比較的高位で安定しています。国内線の利用者は国際線ほど大きな伸び率ではないものの、2倍以上に増加し、座席利用率も65％前後で安定しています。国際線と比較して、国内線利用率は増減幅が小さく、安定していることも分かります。

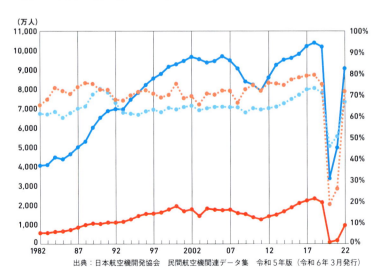

グラフ02-1
日本の航空旅客数と座席利用率

出典：日本航空機開発協会　民間航空機関連データ集　令和5年版（令和6年3月発行）

日本の観光戦略

　2023年の時点で、日本における外国人旅行者の消費金額は5.3兆円に上りました。これは2023年の名目GDPの1%を超えており、2024年の消費額は8.1兆円と、さらに増加しています。日本政府は、インバウンド（訪日外国人）の拡大を重要な経済政策の一つとして捉えており、2016年に開催された「明日の日本を支える観光ビジョン構想会議」の中で、2030年に訪日外国人旅行者数を6000万人、外国人旅行者消費額を15兆円まで増やす目標を正式に決定しました。

表02-1　日本の観光戦略は新たな目標へ

	2020年	2030年
訪日外国人旅行者数	4000万人 （2015年の約2倍）	6000万人 （2015年の約3倍）
訪日外国人旅行消費額	8兆円 （2015年の2倍超）	15兆円 （2015年の4倍超）
地方部での外国人延べ宿泊者数	7000万人泊 （2015年の3倍弱）	1億3000万人泊 （2015年の5倍超）
外国人リピーター数	2400万人 （2015年の約2倍）	3600万人 （2015年の約3倍）
日本人国内旅行消費額	21兆円 （2011～2015年の平均から約5%増）	22兆円 （2011～2015年の平均から約10%増）

出典：国土交通省

HINT　「明日の日本を支える観光ビジョン」の概要

観光資源の魅力を極め、地方活性化の礎に

観光産業を革新し、国際競争力を高め、わが国の基幹産業に

全ての旅行者が、ストレスなく快適に観光を満喫できる環境に

訪日外国人のほとんどが航空機を利用して来日しています。

日本のインバウンド事情

　最近、外国人の訪日を表す「インバウンド」という言葉をよく聞くと思いますが、過去20年だけでも、外国から日本を訪れる入国者数は約6倍に増えています。2020年には新型コロナウイルスの世界的流行に伴う渡航制限で入国者数は急激に落ち込みましたが、新型コロナウイルスの収束後は円安効果やビザ緩和などが追い風となり、2024年には過去最大の3687万人の外国人が日本を訪れました。インバウンドは世界情勢などに大きく影響されますが、長期的には今後も訪日旅行者の増加が見込まれるため、航空産業は今後もますますの成長が期待されます。

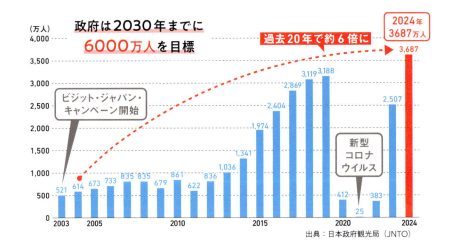

グラフ02-2　訪日外国人旅行者数の推移

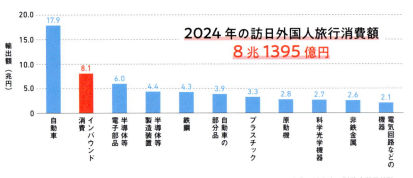

グラフ02-3　日本の主な輸出品目と訪日外国人旅行者の消費額（2024年）

LESSON 03
航空産業の特性

高価で、複雑な機能を持つ航空機を安全に運航するには、大がかりな装置と多くの人手が必要です。また、航空産業は社会的・経済的な変動の影響を受けやすい側面があります。ここでは航空産業の特徴について学んでいきましょう。

① 高額な装置を必要とする「装置産業」

　航空産業は鉄鋼などの基幹産業と同様に、創業や運営に大規模な装置や設備を必要とする産業です。航空機の価格はサイズに比例して高くなり、最小の機材でも70億円以上、JALが保有する最大の機材であるボーイング777-300ER型機やエアバスA350型機は1機300億円を超えます。また、運航の維持や、座席や貨物スペースの予約をコントロールするためなどの巨大コンピューターシステムが必要になります。その他にも、航空機をメンテナンスするための格納庫を備えた整備工場、パイロットの養成・技術維持のための訓練施設や空港の特殊車両といった巨額の投資が必要です。近年、航空機リース市場や業務委託の拡大により初期投資は軽減されていますが、依然として参入障壁が高く、創業時の投資リスクは大きい産業といえます。

HINT　航空産業には巨額の投資が必要

航空機	整備工場
巨大なコンピューターシステム	航空機の格納庫
シミュレーターなどの訓練施設	空港の特殊車両

CHAPTER 1　世界と日本の航空事情

② 多くの従業員を必要とする「労働集約型の産業」

　航空産業は運輸業であると同時に、サービス業でもあります。安全に運航するには高い技術を持つ操縦士、整備士や運航管理者などが必要であり、お客さまに快適で安全に利用していただくためには、客室や空港などで多くのスタッフが不可欠です。自動化が進む中でも、人間に依存する業務が多いため、航空会社は労働集約型の企業といえます。削減が難しい固定費の割合が大きく、事業規模を柔軟に調整しにくいという特性があります。

図 03-1 航空会社を運営する部門

空港

整備

貨物

予約・発券

搭載・誘導

販売・企画・IT・管理

客室

運航

人手不足の解消や CO_2 排出の抑制のために、自動化や機械化が進められていますが、人間の役割を機械に置き換えるのが難しい業務も多いのです。

③ 公共インフラに依存

　航空産業は空港という公共のインフラストラクチャー（社会基盤）の存在が前提となっています。一般的に鉄道会社が線路や駅を所有、維持・運営していることに対して、航空会社は航空機の運航に不可欠である空港を所有していません。空港の使用時間や使用可能な発着枠などは航空会社の経営にとってネットワークを構築する上での極めて重要なファクターですが、航空会社は経営判断において空港の制約を大きく受けるという特徴があります。

HINT　航空産業は空港の存在が事業の前提

（空港の主な施設）
滑走路、誘導路、エプロン
航空管制塔、レーダー・無線設備
空港旅客ターミナル、航空貨物施設
航空機格納庫、航空機燃料給油施設

2011年3月　東日本大震災翌日から、山形、花巻、仙台の各空港所に計2723便の臨時便を運航

空港は人や物を運ぶだけでなく、地域の経済、社会、文化などにも影響を与える公共性の高いインフラです。また大規模自然災害発生時には陸路や線路の影響を受けずに人や物を運べる航空の特性が発揮されます。空港は救援物資の輸送や救援活動の拠点としても重要な役割を果たしているのです。

CHAPTER 1　世界と日本の航空事情

LESSON 03　航空産業の特性

④ 外的要因に左右される

　コロナ禍の影響で多くの国際線が運休を余儀なくされ、航空産業は大打撃を受けました。戦争、災害、疫病などの事業に影響を与える外的要因を「イベントリスク」と呼びます。この20年間でも、航空会社の経営を揺るがす大規模なイベントリスクがくり返し発生しました。特に国際路線では需要の増減だけでなく、航空会社が運航停止を余儀なくされる事例もあり、航空産業はイベントリスクの影響を受けやすいという特徴があります。JALも2000年代に複数のイベントリスクの影響を受けたことも要因の一つとなり、2008年のリーマンショック後に倒産を経験しました。こうしたリスクに対応するため、航空会社には平素より強い企業体力を蓄えておくことが求められます。

HINT　2000年以降の主なイベントリスク

2001年	アメリカ同時多発テロ
2002年	SARS（重症急性呼吸器症候群）
2008年	リーマンショック
2020年〜	新型コロナウイルス

⑤ 商品在庫がきかない

航空産業の特徴として、商品（座席や貨物スペース）を在庫という形で保持しておけない点も挙げられます。また、鉄道やバスといった運輸業やホテルなどの宿泊業も同様ですが、航空会社は「移動」という基本価値だけでは競合との差別化が難しいため、航空機内の装備やサービスで差別化を図る必要があるなどの特徴があります。さらに、他の運輸業と比較して運賃自由化が進んでいるため、価格戦略（プライシング）やレベニューマネジメントが収入を大きく左右する産業といえます。

> **POINT　レベニューマネジメント**
>
> 収益を最大化するためにデータを分析して、販売価格のマネジメントを行うこと。調査データから需要を予測して、価格や在庫のコントロールをすることで収益を上げることが目的です。早割プランなど在庫を売り切るための一つの手法で、適切なタイミングに、適切な価格で販売するために日ごとの需要に分けて価格調整を行っています。

> ホテルビジネスと似ていますが、航空会社は商品（座席や貨物スペース）を在庫として保管できないため、プライシングやレベニューマネジメントが収入を左右します。

HINT　航空産業の商品の特徴

- 空席や空きスペース（貨物）は、**航空機が出発した段階で価値が消失**する
- 空席や空きスペースがあっても**座席やスペースを貯蔵することができない**
- 効率的に販売し、売上を最大化するための**プライシングとレベニューマネジメント**が重要となる

CHAPTER 1　世界と日本の航空事情

この章のまとめ

小テストはこちら

1 航空産業は世界的な人やモノの移動や経済活動にとって不可欠な産業であり、今後も一層の成長が期待されている。

2 日本の航空産業は戦後に大きく成長し、外国人観光客の誘致による地域の活性化などを通じて、日本経済の発展にも貢献している。

3 航空産業は①装置産業、②労働集約型、③空港などの公共インフラに依存、④イベントリスクなどの外的要因に左右される、⑤商品の在庫がきかないなどの特徴がある。

CHAPTER 2

産業概要

エアラインの歴史

この章のゴール

航空機の進化とともに発展してきた
航空産業の歴史を理解する。

航空産業の規制と競争のあり方について、
産業の変遷を踏まえて理解する。

アメリカから始まり、世界へ広がった航空の自由化と、
日本の航空の歴史を理解する。

LESSON 04
航空機の進化

民間航空の歴史は1910年代に始まり、当時の航空機は軍用機を流用したものでした。ここでは、航空機の進化とともに発展してきた航空産業の歴史と航空輸送の変遷について学びましょう。

航空機の進化の歴史

1903年、ライト兄弟が世界初の有人動力飛行（12秒間で36m）を成功させて以来、航空機は進化を遂げてきました。その結果、より多くの乗客を乗せ、より遠くへ、より速く移動できるようになりました。近年では、省燃費や低騒音などの環境に配慮した技術革新も進んでいます。

図 04-1　航空機の進化（1910～1930年代）

1910～1920年代

ファルマン F.60
ゴリアト（仏）

©Softeis
ユンカース F.13（独）

1930年代

マーチン M130（米）

©Towpilot
ダグラス DC-3 型機（米）

民間航空の歴史は1910年代に始まります。当時の航空機は軍用機を流用したもので、最高速度は約200km/h、定員は2～4名程度。費用も高額で、一部の限られた人だけが利用できる移動手段でした。1930年代に入ると、ボーイングやダグラスが旅客機の製造を開始。この時代のプロペラ機は最高速度は約300km/h、航続距離は5000kmに達しました。座席数は20席程度で、全てがファーストクラス仕様でした。また、客室乗務員や機内サービスも導入され、空の旅が快適になりました。

1950年代のジェット機の登場により、航空輸送は大きく進化しました。経由便を利用した太平洋横断などの長距離輸送が可能になり、1970年代の500席を超える輸送能力を持つボーイング747型機（通称ジャンボジェット）の登場は、大量輸送時代の幕開けを象徴する出来事となりました。ボーイング747型機以降の旅客機の巡航速度は大きく変わりませんが、エンジン性能の向上や機体の軽量化により、長距離飛行が可能となり、乗り継ぎや途中給油が必要だった都市間を直行便で結ぶことが可能となりました。中型機でも長距離路線を飛べるようになり、大型機では採算の取れなかった都市間を結ぶ路線の運航も実現しました。

図 04-2　航空機の進化

1940〜1960年代

ダグラス DC-6B型機（米）
巡航速度：約 500km/h
客席数：40〜100席

ダグラス DC-8型機（米）
巡航速度：約 850km/h
客席数：140〜200席

> 最大560席を一度に運べる能力と、航続距離約1万kmのジャンボジェットの登場により、高速大量輸送の時代へ移行しました。

1970年代〜

ボーイング 747-100型機（米）
巡航速度：約 905km/h
客席数：300〜560席
航続距離：約 9500km

ボーイング 787-8型機（米）
巡航速度：約 910km/h
航続距離：約 1万 5000km

エアバス A350型機（仏）
巡航速度：約 910km/h
航続距離：約 1万 5000km

図 04-3　直行便と経由便の違い

LESSON 05
航空産業の規制と権益

国民の移動を支える重要なインフラである航空産業には、国際的な規制の枠組みが設けられています。ここでは、その背景や目的、具体的な仕組みについて詳しく学びましょう。

国が航空産業を規制する理由

　航空産業は、国民の移動を支える社会インフラとして、電気、水道、郵便、鉄道などと同様に、国家が整備し、運用や管理を主導してきました。自国の航空産業が未成熟な段階では、海外企業や国内企業間での過度な競争を抑えることで、効率的な発展が期待されます。

　また、航空機の運航に安全基準を満たさない会社の参入は認められません。さらに、航空機は自国の領空を飛ぶため、国家や国民の安全を守るための規制も必要です。これらの理由から、航空業界には依然として各種の規制が課されています。

1　自国の利益を守る ➡ 国益の確保＝航空権益の確保
領空の安全保障、社会インフラの絶対安定

2　自国の企業を守る ➡ 産業の保護・育成
航空協定による輸送力制限、新規参入に対する規制

3　国民の生活基盤を守る ➡ 利用者の利便性確保
適正な運賃提供、地方・離島航空路線ネットワーク維持

4　国民の安全を守る ➡ 安全性の担保
航空機の耐空性証明、航空従事者の技量認定の国による管理

航空権益と外資規制

　権益とは、国家や企業、個人に対して法律や慣習で認められた権利を指します。航空産業には多くの規制が存在するため、それらをクリアして運航を認められたエアラインや企業は「権益」を有しているといえます。また、外国への運航を自国のエアラインが行う権利も、国家が持つ権益に含まれます。このような航空に関わる権益は、一般的に「航空権益」と呼ばれます。

　政府の支援や多額の税金が投入されてつくられる水道や電気、鉄道や航空などの社会インフラは国家の財産であり、その安定的な収益は自国企業によって確保され、税収として国に還元されることで国の利益（国益）となります。国家の発展には国益の拡大が不可欠です。自国の社会インフラを外国企業が担っている場合、その企業の所在国の方針が突然変更され、敵対的な姿勢をとられると大変な影響を受ける危険性もあります。

図 05-1　自国の社会インフラは国内企業で運営

自国の社会インフラは、それぞれの国内企業で運営します。同様の規制は日本だけでなく、世界のどの国においても一般的です。

※ もともと海外資本の航空会社であるジェットスターや春秋航空は、国内線を運航するために、日本企業の資本を入れて日本企業として運航

　そのため、重要な社会インフラは外国企業ではなく、自国企業が担うことが基本とされています。外国企業による運営や自国企業への投資、株式保有割合が制限される制度を「外資規制」と呼びます。航空業界においても、国内線の運航は原則として自国企業が行います。例えば、国内線を運航するジェットスター（JALが株式50%保有）や春秋航空（JALが株式66.7%保有）はもともと海外資本の航空会社ですが、日本の国内線を運航するために、日本企業の資本を入れて日本企業として運航しています。

LESSON 05　航空産業の規制と権益

空を飛ぶ自由

　民間航空機が各国の空を飛ぶ権利（航空権益）についての取り決めは、1944年11月のシカゴ会議で議論され、民間航空の基本となる国際民間航空条約（通称：シカゴ条約）が締結されました。その後、1946年にアメリカとイギリスの間で、両国を結ぶ民間航空についての二国間協定が結ばれました（バミューダ協定）。この協定では、①指定航空会社、②輸送力（便数）、③路線（乗り入れ都市、経由地、以遠都市）、④運賃などが規定されました。バミューダ協定の内容は他国間での取り決めにも参考にされ、各国が二国間協定を結ぶことで、世界中の航空路線が広がっていきました。

図 05-2 シカゴ条約と二国間協定で認められている六つの自由

第1の自由	第2の自由	第3の自由
上空を通過（着陸なし）	給油・整備での着陸（旅客・貨物輸送不可）	自国から相手国への輸送（旅客・貨物輸送可）

第4の自由	第5の自由	第6の自由
相手国から自国への輸送（旅客・貨物輸送可）	相手国と第三国の輸送（以遠権） 例：日本－アメリカ－ブラジル	自国経由での相手国と第三国の輸送 例：中国－日本－アメリカ

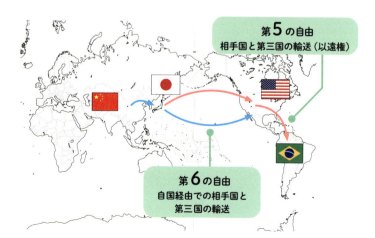

第5の自由　相手国と第三国の輸送（以遠権）

第6の自由　自国経由での相手国と第三国の輸送

現在では、国家間で相互に航空機を飛ばすには、シカゴ協定＋二国間協定が必要という考え方がスタンダードです。

国際航空の枠組みを形づくる国際機関・業界団体

ICAO（国際民間航空機関）

シカゴ条約の成果として忘れてはならないのは、国際民間航空機関（ICAO）の設立です。民間航空輸送に関する政府間の組織で、英語名称「International Civil Aviation Organization」の頭文字をとって、ICAO（イカオ）と呼ばれています。本部はカナダのモントリオールにあり、国連の専門組織として機能しています。

ICAOの特徴

- 1947年4月シカゴ条約に基づいて発足
- 本部はカナダ モントリオール
- 民間航空輸送に関する政府間の組織
- 国際連合の専門機関
- 民間航空の安全と発達を確保する役割
- シカゴ条約批准国は自動的に加盟
- 193カ国が加盟（2025年2月現在）
- 日本は1953年に加盟（1956年以降理事会メンバー国）

IATA（国際航空運送協会）

ICAOと混同されがちなIATA（国際航空運送協会）は、航空会社の国際的な業界団体です。「International Air Transport Association」の頭文字をとって、IATA（イアタ）と呼ばれます。両者の違いは構成する組織にあります。シカゴ条約に基づいて発足したICAOは、各国政府によって構成される機関であるのに対し、IATAは世界中の民間航空会社から構成されています。

IATAの特徴

- 1945年4月発足（シカゴ会議でICAOの設立が決定されたことを受け、国際航空業界の調整機関として設立）
- 本部はカナダ モントリオール
- 349社が加盟（2025年2月現在、旅行会社や旅行関連企業も加盟）。定期国際運輸輸送量の80％を占める
- 旅客や貨物の営業、運送業務受委託などに関わる規定や仕組みを提供

LESSON 06
航空自由化の始まり

1978年にアメリカで始まった航空自由化は、世界各国に広がり現在に至っています。ここでは、その歴史や背景、自由化による市場の変化、航空会社の競争環境の変遷について学びましょう。

アメリカの航空自由化

　航空機や社会の発展に応じて、まずアメリカで航空自由化（規制緩和）が始まりました。1978年、ジミー・カーター政権の下で通信や金融などの産業とともに、航空規制緩和が実施され、新規航空会社の参入や新規路線の開設、運賃設定の自由化が次々に行われました。その結果、新規航空会社が乱立しましたが、過当競争によって多くの航空会社が淘汰され、大手エアライン傘下の子会社として吸収・再編されることとなりました。この過程で一定の運賃低下が実現し、海外旅行の大衆化など、社会に大きな変化をもたらしました。

図 06-1 航空規制緩和により航空会社の再編が進んだ

航空自由化政策（1978年）	競争激化	吸収・再編
アメリカの航空市場での規制が廃止 航空自由化政策（deregulation）	新規航空会社の参入 新規路線の開設 運賃の自由化	弱小航空会社が淘汰 大手航空会社が競争力を高める

世界に広がる航空自由化

アメリカで始まった航空自由化の波は世界に広がっていきました。欧州でも1980年代後半から1990年代にかけて自由化が進められましたが、多国家の集まりである欧州連合（EU）では、まずEU内の自由化が行われました。この結果、欧州内では多くのLCCが誕生し、輸送量では大手航空会社に匹敵する成長を遂げました。欧州内の自由化が整った後、2007年にはアメリカとEUがオープンスカイ協定を締結しました。

表 06-1 **各国の国際線出発便数ランキング（2016年時点）**

順位	イギリス	ドイツ	スペイン	フランス	イタリア
第1位	ブリティッシュ・エアウェイズ	ルフトハンザドイツ航空	ライアンエア	エールフランス	ライアンエア
第2位	ライアンエア	エアベルリン	イージージェット	イージージェット	イージージェット
第3位	イージージェット	ライアンエア	ブエリング	ライアンエア	アリタリア航空
第4位	フライビー	ジャーマンウィングス	イベリア	トランサビア	ルフトハンザドイツ航空
第5位	トムソン	イージージェット	エアベルリン	ブエリング	ブエリング
第6位	エアリンガス	ユーロウィングス	エアヨーロッパ	フレックスライト	ブリティッシュ・エアウェイズ
第7位	KLMオランダ	コンドル	ノルウェジアン	ルフトハンザドイツ航空	エールフランス
第8位	モナーク	ブリティッシュ・エアウェイズ	トムソン	ヘリ・セキュリテ	ウィズエア
第9位	Jet2	TUI	モナーク	ブリティッシュ・エアウェイズ	エアベルリン
第10位	ウィズエア	トルコ航空	Jet2	アルジェリア航空	KLMオランダ

※ ひと月あたりの国際線出発便数による順位付け。
　オレンジ色の航空会社がLCC

出典：OAG2016.10 資料を基に国土交通政策研究所で作成

アジアでは、2000年代にオープンスカイへの取り組みが始まり、2008年には東南アジア諸国連合（ASEAN）内で航空自由化が実施された結果、欧州と同様にエアアジアやライオン・エアといったLCCが台頭するようになりました。ただし、欧州と異なり、アジア域外の国との協定はASEANとしてではなく、各国ごとの二国間協定となっています。

LESSON 06　航空自由化の始まり

　日本のオープンスカイは2000年代後半に始まりました。2010年にアメリカとオープンスカイ協定が締結され、同じく2010年に韓国、2011年にシンガポールとも同様の協定を結びました。現在、日本は30以上の国・地域とオープンスカイ協定を締結しており、これらの国・地域との間では運航便数や路線の制限を受けることなく、自由に運航できるようになっています。

図 06-2　日本とオープンスカイ協定を締結する国と地域

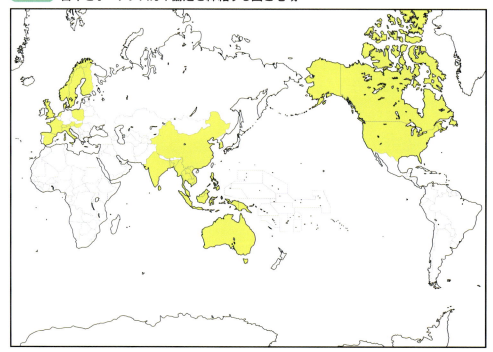

日本と各国・地域を行き来する旅客の約9割がオープンスカイ協定国からです（2019年度時点）。

LESSON 07
日本の航空の歴史

日本の航空産業は、第2次世界大戦後に始まりました。ここでは、その成り立ちから、国の規制下での成長、規制緩和による市場の変化を経て、現在に至るまでの歴史や影響を学びましょう。

日本の民間航空の始まり

　第2次世界大戦後、日本は連合軍総司令部（GHQ）の統治下で約7年間、航空機の運航、所有、製造、修理、研究など、航空機に関わる一切の活動を禁止されていました。しかし、1950年の朝鮮戦争を契機に、GHQによって運航禁止措置が解除され、1951年には日本航空株式会社が設立しました。当初、自社での運航が認められずノースウエスト航空の機材と乗務員によって運航されていました。

　1952年にサンフランシスコ平和条約が発効され、日本はGHQの占領統治から解放されて主権を回復しました。日本は直ちに航空法を施行し、アメリカとの航空協定を締結。その結果、ノースウエスト航空で運航されていた国内線は日本航空が自主運航できるようになりました。国際線の運航も許可され、1954年に国際線の運航を開始しました。

図 07-1　日本の民間航空の始まりまでの流れ

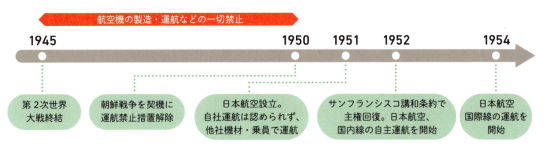

LESSON **07** 日本の航空の歴史

日本の航空政策における規制

　1952年、全日本空輸の前身である日本ヘリコプター輸送などが設立され、国内路線の運航が充実してきました。一方、当時の運輸省は、航空会社間の過当競争を排除し、航空業界の安定した発展を図るため、国内の航空3社（日本航空、全日本空輸、東亜国内航空）の事業分野を決定しました（昭和45年閣議了解及び47年運輸大臣達）。この規制により、航空各社の事業領域、路線免許、運賃が許可制となり、日本航空が国際線定期便と国内幹線、全日本空輸が国内幹線とローカル線を担当するなど、すみ分け体制が確立されました。

図 07-2 日本の航空規制の流れ

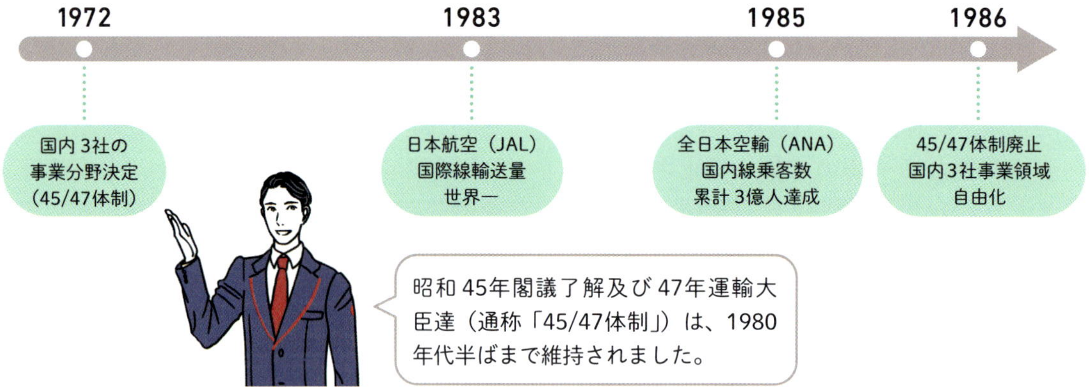

1972	1983	1985	1986
国内3社の事業分野決定（45/47体制）	日本航空（JAL）国際線輸送量世界一	全日本空輸（ANA）国内線乗客数累計3億人達成	45/47体制廃止国内3社事業領域自由化

昭和45年閣議了解及び47年運輸大臣達（通称「45/47体制」）は、1980年代半ばまで維持されました。

　日本航空（JAL）は1983年にIATA国際線輸送実績で世界第1位を達成し、1985年には全日本空輸（ANA）の国内線乗客数が累計で3億人を達成するなど、日本の航空産業は大きな躍進を遂げました。

　一方、1978年以降のアメリカにおける航空規制緩和の流れを受け、日本でも45/47体制のメリットよりもデメリットが注目されるようになりました。例えば、日米間の航空路線では、アメリカ側は複数の航空会社が乗り入れ可能である一方、日本では受け皿となる航空会社が1社しかない不均衡が発生していました。この状況を受けて日本政府は45/47体制の廃止を決断しました。日本でも国際線は複数社体制へ移行し、国内線でも競争が促進されました。日本航空の完全民営化も、この流れの中で決まりました。

国内航空参入の規制緩和 〜新規参入時代へ〜

　45/47体制が見直された1986年以降、特に国内線での競争が促進されました。例えば、需要に応じて2社や3社の同一路線への競合乗り入れの段階的な緩和、運賃制度の緩和や事前購入割引の導入などがあります。これらの規制緩和政策によって競争が一層激化し、1997年には同一路線への複数社乗り入れに関する基準は完全に撤廃されました。また、新興航空会社の国内幹線への参入も実現しました。

　2000年2月には改正航空法が施行され、それまで政府主導で進められていた航空産業が、利用者の利便性向上を目的に、企業主体の運営へと移行しました。この改正により、運航する路線や運賃の自由度も拡大しました。こうした規制緩和の結果、2012年には従来のエアラインのビジネスモデルとは異なるスタイルを持つLCCが日本でも誕生しました。

図 07-3　航空規制の緩和により日本にもLCCが誕生

- 幅運賃制度の導入
- 増便・減便の自由
- 参入・撤退の自由

1990年前半から国内線の競争が激化しました。規制緩和の流れの中で、スカイマークやAIR DOなどの新興航空会社が日本でも誕生しました。

CHAPTER 2　エアラインの歴史

HINT　新規LCCの多数参入・競争の激化

- **政府主導から企業主体の運営に**
  目的：航空の発展 ➡ 利用者の利便性向上

- **航空事業への参入が容易に**
  路線ごとの免許制から、事業者ごとの許可制に変更

- **運賃や料金の設定、変更は許可制から届出制に**
  市場原理による価格設定（法外な運賃は変更命令）

- **運航計画が許可制から届出制に**
  設定方法が自由になった。需要に沿った計画が可能

この章のまとめ

小テストはこちら

1 航空機の進化とともに、長距離を短時間で結ぶ社会インフラとして航空産業は発展してきた。

2 国をまたぐ輸送においては、自国権益を守るためにさまざまな規制や協定が作られた。

3 アメリカで始まった航空自由化の流れは世界に広がり、航空業界の再編やLCCなどの新形態を生み出している。

CHAPTER 3

産業概要

エアラインの現状と課題

この章のゴール

新型コロナウイルスが航空産業に与えた影響を学び、
イベントリスクとの関係を理解する。

コロナ禍の教訓を活かした
事業構造の変化について説明できる。

LESSON 08
航空業界とイベントリスク

航空業界は自然災害、テロ、感染症の流行、世界経済の変調など、さまざまなイベントリスクに大きな影響を受けます。特に新型コロナウイルスは、旅客需要の急減や運航の制限を招き、業界全体に深刻な影響を与えました。

航空業界におけるイベントリスク

航空業界には、自然災害、テロリズム、疫病、紛争、世界経済の変調など予期せぬ出来事が企業運営や財務状況に重大な影響を与えるリスクが存在します。これらのリスクは運航遅延やキャンセル、収益減少、ブランドイメージの毀損などを招く恐れがあり、航空会社にはこれらを管理し、影響を最小限に抑える対策が求められます。

グラフ 08-1 代表的なイベントリスクと航空旅客輸送量推移

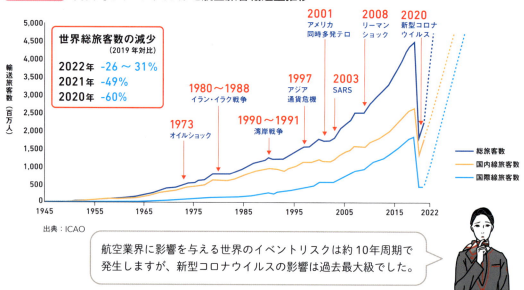

出典：ICAO

航空業界に影響を与える世界のイベントリスクは約10年周期で発生しますが、新型コロナウイルスの影響は過去最大級でした。

新型コロナウイルスの影響

　新型コロナウイルスの感染拡大により、各国で移動制限が実施され、各種イベントも中止されました。その結果、国際線・国内線の大幅な減便を余儀なくされました。IATAの集計では、2020年に世界の航空旅客数は前年の約6割にあたる27億人が減少し、旅客収入も50兆円の減少となりました。その結果、世界の航空会社は2020年は約15兆円、2021年は約4兆円の赤字を計上しました。

※ いずれも当時の為替レートで計算

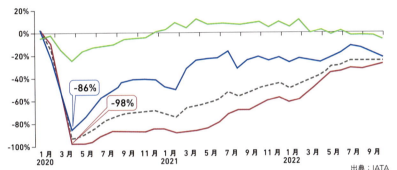

グラフ 08-2
世界の航空需要推移
（2020年1月〜2022年9月）

出典：IATA

　過去にも同時多発テロ、SARS、リーマンショックなどにより航空需要が減少し、利益も落ち込みましたが、数カ月で回復してきました。しかし、新型コロナウイルスの影響は利益低減の規模や期間において、それらを大きく上回る深刻さが際立っています。

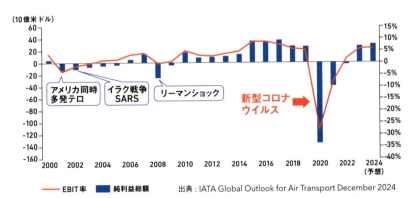

グラフ 08-3
世界の航空業界の
純利益総額と
EBIT（営業利益）率の推移

※ EBIT（Earnings Before Interest and Taxes）とは、利息と税金を差し引く前の営業外収益や営業外費用も含む利益で、広い意味での営業利益

出典：IATA Global Outlook for Air Transport December 2024

CHAPTER 3　エアラインの現状と課題

LESSON 08　航空業界とイベントリスク

　新型コロナウイルスの影響により、世界の航空会社の50社以上が破綻しました。そのうち十数社は法的整理を行いつつ運航を継続し、政府などの支援を受けながら再建を進めました。一方、30社以上が航空事業から撤退し、運航を停止しました。日本では、エアアジア・ジャパンが2020年に事業廃止と会社清算を決定し、裁判所に破産手続きを申請しました。

HINT 破綻した世界の航空会社の例

2020年	4月	ヴァージン・オーストラリア航空
	5月	アビアンカ航空、タイ国際航空、ラタム航空
	6月	アエロメヒコ
	7月	ノック・エア
	8月	ヴァージン・アトランティック航空
	10月	エアアジア・ジャパン
2021年	1月	イースター航空

世界の航空業界の回復状況

　新型コロナウイルスの影響が落ち着いた2023年までには、航空旅客需要が大きく改善しました。2024年には、伸びがやや緩やかになるものの、航空収益全体は驚異的な回復を遂げました。2024年には世界の航空収入は2019年比で115％に、2025年には120％に達する見通しです。航空業界は新型コロナウイルスによる危機を乗り越えたといえます。

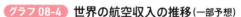
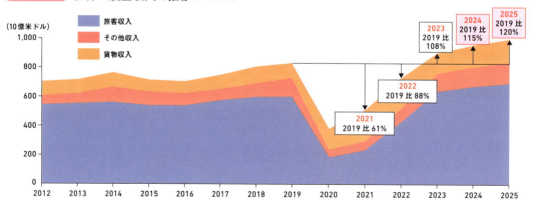

グラフ08-4　世界の航空収入の推移（一部予想）

出典：IATA資料（Sustainabillity and Economics）

LESSON 09
コロナ後の事業構造変革

新型コロナウイルスの影響によって需要の急減や収益悪化に直面した各航空会社は、事業構造の見直しを迫られました。ここでは、コロナ後の航空業界が取り組む持続可能な成長戦略について見てみましょう。

CHAPTER 3　エアラインの現状と課題

コロナ禍の教訓

2020年に始まった新型コロナウイルスの世界的流行は、航空業界に未曾有の危機をもたらしました。国境閉鎖や移動制限、旅行需要の急激な減少により、航空旅客数は激減し、航空会社はかつてない厳しい経営環境に直面しました。しかし、この試練は、航空会社が事業の在り方を根本から見直し、変革を加速させる契機にもなりました。

この困難を乗り越える中で、航空業界は単なる回復にとどまらず、より強靭で持続可能な事業構造の確立を目指す方向へと舵を切りました。コロナ禍で得られた教訓や、それに基づく革新的な対応策、事業構造の改革について、JALの取り組みを例に見ていきましょう。

図 09-1　非航空事業の成長への取り組み

コロナ禍により、航空旅客需要が激減 → 航空業一本では不安定 → 非航空領域における新たな顧客価値を創造

事業構造の変革

　JALの事業構造改革における重要なキーワードは「レジリエンス（変化や困難を乗り越え適応する能力）」と「成長性」です。コロナ禍を通じてフルサービスキャリア（FSC：Full Service Carrier）に依存した事業モデルの限界が明らかになりました。この課題を解決するために、JALではまず事業ポートフォリオをFSC事業、貨物郵便事業、ローコストキャリア（LCC：Low Cost Carrier）事業、マイル・ライフ・インフラ事業の四つの事業領域に再構築し、その中で特に、今後成長が見込まれるLCC事業とマイル・ライフ・インフラ事業の事業規模拡大に力を入れています。マイル・ライフ・インフラ事業は、航空以外の収入を生み出すことで、航空事業のみに依存しないリスク耐性の高い収益構造を構築していくためにも重要な役割を担っています。こうした事業構造の改革によって、ポストコロナの新たなビジネス環境や変化する顧客ニーズに対応できる持続可能な成長を追求しています。

図09-2　JALの四つの事業領域

フルサービスキャリア（FSC）
サービス充実
収益拡大

ローコストキャリア（LCC）
低価格帯のマーケットに
マルチモデルを展開（需要の喚起）

貨物郵便
旅客機の貨物スペースと
提携を活用した供給戦略

マイル・ライフ・インフラ
顧客基盤と人財を活用し、
事業領域を拡大
地域活性化、エアモビリティなど

特に「マイル・ライフ・インフラ」の領域は、コロナ後の事業構造の変化において、利益拡大と成長の要と考えられています。

マイレージ事業

　フルサービスキャリアの多くが航空事業の顧客エンゲージメント基盤として運用するFFP（Frequent Flyer Program）は、1980〜1990年代に基本的な枠組みが形成され、「マイレージ」として広く認知されました。当初は航空利用者向けの特典プログラムとして始まりましたが、2000〜2010年代には異業種企業とのポイント交換や提携を通じて、広範なビジネス基盤へと成長しました。さらに2020年前後のコロナ禍では、社会活動が制限される中でも安定した事業収益をもたらす重要な分野として位置付けられました。今後は航空だけでなく、日常生活でも顧客との接点を拡大し、持続的な顧客ロイヤルティーの強化と事業成長が期待されています。

図 09-3　JALのマイレージ事業の歩み

LESSON 09　コロナ後の事業構造変革

マイレージ会員データの活用とマイルライフ

　JALマイレージバンクの会員数は約3800万人に達しており、近年では、この顧客基盤を活用し、航空機利用にとどまらず、日常生活の中でもマイルを使えるようにするなど、顧客との関係性を強化する動きが広がっています。顧客はマイルをためるため、航空券の予約時にマイレージ番号を入力します。これにより、利用履歴が記録されていきます。蓄積されたデータから、顧客の利用頻度や搭乗クラス、収益への貢献度を把握し、日頃、航空機にたくさんお乗りいただいているお客さまへの特別サービスの提供やプロモーションを実施し、さらなる顧客ロイヤルティー向上につなげています。

図09-4　JALマイルライフ構想

> **POINT　マイレージプログラムで築く長期的な顧客関係**
>
> ライフタイムバリュー（顧客生涯価値）とは、お客さまが自社のサービスを利用する間に得られる総利益を指します。人口減少や競争激化によって新規のお客さまの獲得が難しくなる中、既存のお客さまとの長期的な関係構築がより重要になっています。JALマイレージバンクは、継続利用するお客さまに特典を提供してロイヤルティーを高め、ライフタイムバリューを最大化します。

エアモビリティ ～ドローン事業～

物流、点検、監視、測量など、さまざまな分野でドローンの活用が進んでいます。特に物流分野では、離島や過疎地域などの輸送が困難なエリアにおける新たな物流手段として注目されています。航空会社の運航管理や安全技術を活用することで、ドローンによる物流の高度化が可能になり、同時に新たな収益基盤を構築できます。航空業界におけるドローンの活用は、物流や社会インフラの革新をもたらし、今後のさらなる拡大が期待されています。

図 09-5 事業化に向けたドローン実証実験

1人の操縦士が複数のドローンを同時に扱うことで省人化を狙い、社会実装につなげます。

鹿児島県瀬戸内町との共同事業

JALは鹿児島県瀬戸内町と共同で「奄美アイランドドローン株式会社」を設立し、ドローン運航事業を開始しました。この事業では、災害時の緊急物資や平常時の日用品・医療品の輸送を行い、地域の生活を支援しています。さらに奄美群島全体への展開も視野に入れた持続可能な町づくりを目指します。

図 09-6 ドローン事業で地域の生活を支援

CHAPTER 3 エアラインの現状と課題

エアモビリティ 〜空飛ぶクルマ事業〜

　空飛ぶクルマ（eVTOL：electric vertical takeoff and landing aircraft 電動垂直離着陸機）は、自動車以来百数十年ぶりに登場する次世代モビリティとして注目されています。電動化により低コスト化を実現し、騒音が小さいことや自動飛行、小スペースでの垂直離着陸が特徴です。経済性、静粛性、環境性能に優れており、都市型航空交通（UAM）や地域型航空交通（RAM）を支えるモビリティとして、離島や山間部へのアクセス改善、災害時の緊急輸送など、さまざまな用途での活用が期待されています。

　航空会社の運航管理や安全ノウハウを活かし、低高度空域を利用した新しい移動インフラとして社会実装を目指しています。現在、技術改良や法令整備、コスト削減といった課題に取り組みながら、地域活性化や持続可能な移動手段の実現を進めています。近い将来には、運用コストの削減や都市部での便利な利用が可能となり、ヘリコプターと併用されながら普及が進むと考えられています。

図 09-7　空飛ぶクルマの特徴

電動
- 部品点数が少なく、整備費用が安い
- 騒音も小さく、自動飛行との親和性が高い

自動操縦
- 自動操縦を実現することで操縦士は不要となり、運航費用を抑えられる

垂直離着陸
- 垂直離着陸ができるため、離着陸場所の自由度が高い

MaaS（Mobility as a Service）

　MaaSは、異なる交通手段を統合してシームレスかつ効率的な移動を提供するサービスです。航空業界では、MaaSを通じて顧客の移動体験を包括的に支援し、航空機利用を含む移動の効率化を新たなビジネスチャンスと捉えています。具体的には、航空業界が鉄道、バス、タクシーなどと連携し、予約、支払い、スケジュール調整を一元化する仕組みを提供します。お客さまは一つのプラットフォームで移動を手配でき、手間を省いた移動体験の向上につながります。

図09-8　MaaSで交通手段を一元管理

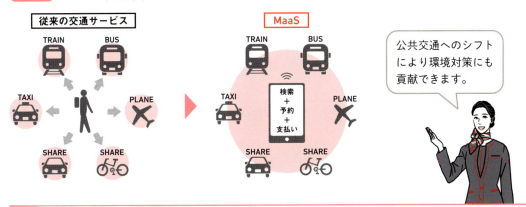

公共交通へのシフトにより環境対策にも貢献できます。

旅を便利にサポートする「JAL MaaS」

　「JAL MaaS」は、空港を中心とした移動の検索・手配をワンストップで提供し、航空以外の移動手段との連携を強化することで、旅全体をサポートします。また、一部サービスでのマイルの獲得やクーポンの利用を通じて、マイレージプログラムと連動し、お客さまとの関係性を強化する役割も担っています。

図09-9　JAL MaaSのイメージ

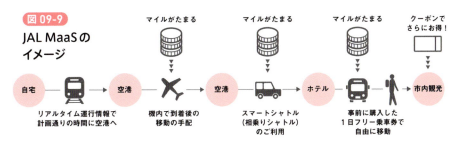

CHAPTER 3　エアラインの現状と課題

この章のまとめ

小テストはこちら

1. 航空業界は過去にさまざまな世界的なイベントリスクの影響を受けてきたが、新型コロナウイルスによる影響は規模も期間も群を抜いていた。

2. 航空業界は、コロナ禍を経て事業構造の変革に取り組み、非航空事業の成長に力を入れている。

3. 非航空事業の要となるマイル・ライフ・インフラ領域は、人々の生活の利便性の向上に貢献し、航空機を利用する方だけでなく全ての人々に新しい価値を提供することを目指している。

CHAPTER 4

産業概要

空港の現状と課題

――― この章のゴール ―――

- 日本の空港の現状と課題を、海外の空港とも比較しつつ理解する。

- 空港の整備や運営に関わる財源の特徴と問題点を理解する。

- 新たな空港経営の手法としての民営化とその仕組みを理解する。

LESSON 10
空港の現状と課題

日本の空港は羽田、成田、関空などのハブ空港から地方空港まで多岐にわたります。海に囲まれた日本では、海外からの訪問者の98％が航空機を利用しており、空港は国際・国内の人流や物流を支える重要な拠点となっています。

日本の空港

　空港は「公共の用に供する飛行場」と空港法で定義されており、日本には97の空港があります。日本には多くの離島があること、国土の7割が山地で陸路の交通網整備が困難な地域が多いことが要因です。また、地方都市の経済発展を促進する目的で空港の建設が進められてきたことも一因です。日本の空港建設は現在ではほぼ完了し、今は既存空港の機能強化や効率的な運営に重点が置かれています。

図 10-1 全国の空港分布

※色分けと記号は「表10-1」参照

空港の管理者・運営者

　空港法では、空港の設置および管理を行う者を「空港管理者」と定義しています。主に国や地方自治体が空港を建設して所有者となり、同時に空港の維持管理、空港保安、航空機の安全確保などの管理業務を行います。空港法には運営者に関する規定はなく、通常は管理者の業務範囲に含まれると考えられていますが、最近では民間企業に空港運営を委託するケース（空港の民営化）が増えています。

表10-1 空港の分類

種類		数	設置者／管理者	名称
①拠点空港	会社管理空港（■）	4	各会社	成田国際、関西国際、大阪国際（伊丹）、中部国際
	国管理空港（●）	19	国土交通大臣	東京国際（羽田）、新千歳、稚内、釧路、函館、仙台、新潟、広島、高松、松山、高知、福岡、北九州、長崎、熊本、大分、宮崎、鹿児島、那覇
	特定地方管理空港（○）	5	国土交通大臣／地方公共団体	旭川、帯広、秋田、山形、山口宇部
②地方管理空港（▲）		54	地方公共団体	中標津、紋別、女満別、青森、花巻、大館能代、庄内、福島、富山、能登、松本、静岡、神戸、南紀白浜、鳥取、出雲、石見、岡山、佐賀など
③共用（☆）		6	防衛大臣	札幌、千歳、百里、小松、美保、徳島
		2	米軍	三沢、岩国
④その他の空港（★）		6	地方公共団体	調布、名古屋、但馬、岡南、天草、大分県央
		1	国土交通大臣	八尾

※ 空港は空港法施行令に基づき、管理主体別に四つのカテゴリーに分類される

日本の空港問題

　空港問題は「都市部」と「地方部」に大別されます。大都市圏の空港は、過密スケジュールなどによる慢性的な混雑が深刻化しており、航空便の遅延などが発生する傾向があります。また、空港周辺の騒音問題は依然として大きな課題です。一方で、地方空港では、利用客の減少による収益悪化や経営難が深刻化しています。その立地から、鉄道やバスなどの公共交通機関によるアクセスが不便といった問題もあります。

POINT　混雑空港

航空分野の規制緩和が進んだ結果、航空会社は運賃設定だけでなく、空港への乗り入れや撤退も自由に行えるようになりました。しかし、混雑空港として指定されている羽田、成田、伊丹、関西、福岡の5空港については、発着枠（発着容量）に制限があるため、新規路線の開設や増便する場合には、事前に国土交通省の許可を受ける必要があります。

LESSON 10　空港の現状と課題

首都圏空港（羽田空港、成田空港）

　東京国際空港（羽田空港）は都心からのアクセスに優れた国内最大の24時間空港です。国内線に加え、2010年の4本目の滑走路の完成を機に国際線の就航が本格的に再開され、アジアや欧米など多くの都市へ路線が拡充されています。その発着枠は経済的価値が極めて高く、航空各社の大きな収益源となっています。そのため、各社が新規路線の開設や増便を希望する状況が続いています。

図 10-2　羽田空港

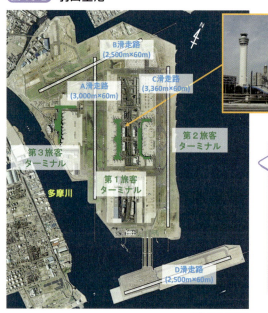

出典：国土交通省

POINT　羽田発着枠配分基準検討小委員会（国内線）

混雑空港である羽田空港の発着枠については、5年の使用期限が設けられています。その配分に関しては、国土交通省が設置する発着枠に関する委員会で議論されます。最終的には国土交通省が公共性や輸送の安全確保などの観点から審査し、その結果に基づいて発着枠が見直されます。

POINT　東京上空通過

東京オリンピック・パラリンピック開催を機に、国際競争力強化などを目的とし、都心上空を通過する新しい飛行ルートの運用が開始されました。また、空港全体の機能強化策とあわせて羽田空港の発着回数は年間3.9万回増加しました。一方で、これまで航空機が飛行していなかった都心上空を航空機が通過するようになったため、新たに騒音や落下物といった懸念が発生するようになり、新経路の固定化を回避するための方策などの議論が行われています。

成田国際空港（成田空港）は、国際線の発着回数で日本一を誇り、世界中の多くの都市と結ばれています。近年、増加するLCCへの対応として、LCC専用ターミナルが開設されました。2028年度末をめどに、第三滑走路の供用と第二滑走路の延伸が予定されており、その後も新貨物集積地区と新旅客ターミナルの供用が計画されているなど、多くの旅行者にとって利用しやすい空港へと進化を続けています。貨物輸送額も多く、金額換算すると全国の空と海の港の中でも日本最大の貿易港です。

図 10-3 成田空港

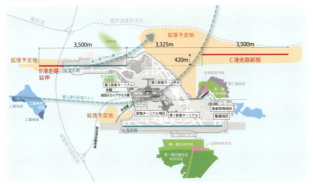

出典：成田国際空港株式会社ホームページ

POINT 成田闘争

1960年代、成田は豊かな自然と田園風景が広がる地域でした。しかし、空港建設を強行しようとする政府と、農民さらに学生運動が加わり、長期にわたる対立が続きました。開港後も反対運動が続き、空港機能が制限されていましたが、現在では話し合いが進み、ほぼ沈静化しています。成田闘争は、日本の高度経済成長期における開発と環境保全、住民との対話といった課題を提起した象徴的な社会問題であり、現在にも通じるテーマを含んでいます。

表 10-2 羽田空港と成田空港の歴史

年	羽田空港	成田空港
1931	東京飛行場として開港	
1978	経済発展に伴い処理能力限界に→国際線は新設された成田空港へ	開港。羽田から国際線を移管。地権者との調整が難航し滑走路1本での開港となる
2002		2本目の暫定滑走路 (2180m) の供用開始
2010	4本目の滑走路と国際線専用ターミナルを新設し、再国際化	2本目の滑走路を2500mに延伸。発着回数は1.7倍に
2014	国際線ターミナル増設	
2020	都心上空を飛行する新ルートの運用開始発着枠の拡大により国際線が大幅に増便	
2029		3本目の滑走路の供用開始を計画

首都圏空港の現状と課題

2010年に羽田空港が国際線の受け入れを再開し、羽田は国内線、成田は国際線という区分はなくなりました。首都圏の国際線を羽田・成田の二地点体制とすることで、他国の空港と遜色のない国際線ネットワークの構築を目指しています。国内線と国際線をつなぐだけではなく、国際線同士を接続するハブ空港としての役割も期待されています。また、成田空港では2028年度末をめどに第3滑走路の供用などが予定されています。これらが実現すれば、羽田と成田をあわせて年間100万回の処理能力が見込まれます。これはアジアではトップクラスで、ロンドンやニューヨークに匹敵する規模になります。

表10-3 羽田空港と成田空港の比較

		羽田空港	成田空港
年間利用者（2023年度）	国際線	1910万人	2600万人
	国内線	6184万人	781万人
1日あたりの発着便数（2024年冬ダイヤ）	国際線	330便	522便
	国内線	1006便	140便
ネットワーク（2024年冬ダイヤ）	国際線	25カ国 50都市	38カ国 102都市
	国内線	49路線	19路線

出典：国土交通省東京空港事務所、数字でみる航空、成田国際空港株式会社ホームページ

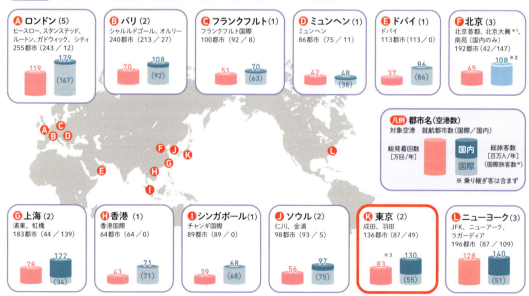

図10-4 各国の主要空港の就航都市数、発着回数および旅客数

・発着回数、旅客数は2020年のデータ
・就航都市数は2020年3月29日〜4月4日で定期旅客便の直行便が就航している都市数
出典：令和3年度版 交通政策白書

※1 2019年9月25日に開港
※2 旅客数における内際の内訳は不明
※3 2020年3月29日からの空港処理能力

関西圏の3空港（関西・伊丹・神戸）

関西国際空港は西日本を中心とする国際拠点空港として、増加するインバウンド需要に対応する役割を担っています。大阪国際（伊丹）空港は関西圏の国内線の基幹空港として、神戸空港は神戸市、およびその周辺の国内航空需要に対応する空港として機能しています。これらの3空港は、関西エアポート株式会社が一体的に運営を行っており、近接する3空港を「面」として捉え、関西全体の経済活性化に貢献するため、それぞれの特徴に合った効率的な活用を目指しています。

関西国際空港
- 2本の滑走路を持つ24時間空港で、アジアを中心に日本と世界各地とを結ぶ豊富な国際線ネットワークを有する。日本におけるLCCの拠点空港にもなっている。
- 海上に建設されているため、台風や高潮などの自然災害の影響を受けやすく、過去には大きな被害も発生している。

大阪国際（伊丹）空港
- 国内主要都市と関西圏とを結ぶ充実した国内線ネットワークを有する。大阪都心部に近く、利便性が高くビジネス客が多いのが特長。
- 空港周辺地域の騒音問題が常に課題となっており、空港の運用時間が7時～21時に制限されている。

神戸空港
- コンパクトな設計で、スムーズな搭乗手続きが可能。関西圏への観光拠点としての役割を担っている。今後は国際線の就航も検討されている。
- 関西国際空港と伊丹空港の間に位置しており、これらの空港と飛行経路が干渉しないよう限られた空域で運用されているため、発着枠が制限されている。

図10-5
関西圏の3空港（関西・伊丹・神戸）

POINT 主な空港の運用時間

騒音問題に加え、空港職員の体制の観点から、ほとんどの空港は運用時間に制限が設けられています。一方、関西国際空港、中部国際空港、羽田空港、北九州空港、那覇空港といった海上空港および新千歳空港では運用時間に制限がありません。国際線の乗継便の発着や貨物輸送の拡大の観点からは24時間運用が理想的です。

CHAPTER 4 空港の現状と課題

LESSON 11
空港の財源と空港の民営化

国の重要な交通インフラである空港の整備や維持運営にはどのような財源が使われているのでしょう。受益者負担の考え方を学ぶとともに、空港の民営化が空港運営に与える影響についても考えてみましょう。

インフラ整備の財源

　国の会計には「一般会計」と「特別会計」があります。一般会計は、道路や学校の整備、医療や福祉など、国の基本的な行政サービスを提供するための財源を管理する会計です。一方、特別会計は特定の目的に使われる財源を管理する会計です。空港の整備に必要な財源を管理する「空港整備勘定」は特別会計の一つです。この空港整備勘定は「航空機燃料税」や「着陸料」、「航行援助施設利用料」など、航空会社が負担する費用が主な財源です。こうして集めた財源で、滑走路の改修や空港施設の整備などが行われています。

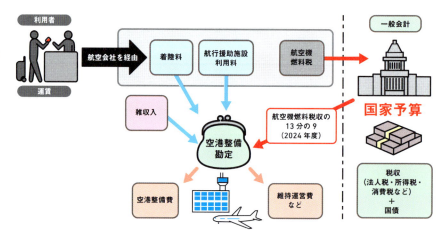

図11-1 空港整備に必要な財源

公租公課の負担者

「公租公課」とは、国や自治体が徴収する税金や料金のことです。航空業界には、国内線の燃料にかかる「航空機燃料税」の他、「着陸料」や、日本領空を通過する航空機を管制するための「航行援助施設利用料」などがあります。

これらの費用は、まずは航空会社が航空利用者に代わり国に支払いますが、航空運賃に含まれているため、最終的には航空利用者が負担する仕組みになっています。

CHAPTER 4 空港の現状と課題

総括原価方式との違い

着陸料などの費用が上がっても、電気料金のような「総括原価方式」であれば費用増加分をそのまま航空運賃に反映させることができます。しかし、航空会社同士や新幹線との競争があり、運賃を大幅に上げると競争力が低下する可能性があります。そのため、航空会社は費用増加分をそのまま運賃に反映させることが難しくなります。

図 11-2
総括原価方式と航空運賃の比較

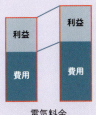
電気料金（総括原価方式）のイメージ

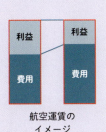
航空運賃のイメージ

POINT

燃油サーチャージ

公租公課の一つである航空機燃料税は国内線の航空機燃料に課されるため、外国の航空会社は支払っていません。一方、燃油サーチャージ※は、国際線において、燃料価格の変動に応じて旅客や貨物の利用者が航空会社に支払う料金です。

※ 一部の航空会社では国内線旅客便にも導入

公租公課の「公租」とは、法人税、所得税、住民税など国や地方自治体が課す税金、「公課」とは、健康保険料や社会保険料などの公的な料金です。

空港運営（空港の収支）

　日本の空港は、国や地方自治体が運営する公共性の高い施設としての側面が強く、経営効率や収益性の観点が弱い状態が続いていました。しかし、1990年代後半からの規制緩和や航空需要の増加を背景に、空港運営にも民間企業のノウハウを活用し、より効率的で収益性の高い運営が求められるようになりました。その結果、空港を一つの企業体として捉え、経営学的な手法を用いて収益の向上やサービスの質を高める「空港経営」という考え方が注目されるようになりました。

　現在、コンセッション空港を除く全ての国管理空港の収支が公表されていますが、コロナ禍前の2019年の空港別収支を見ると、対象となる24空港全ての非航空系事業は黒字である一方、航空系事業が振るわず、17空港が赤字経営となっており、大きな課題になっています。

表11-1　空港の収支

非航空系事業収支（上物）	収入	旅客ターミナルテナント賃料、駐車場料など
	費用	旅客ターミナル運営費用

航空系事業収支（下物）	収入	着陸料・停留料・搭乗橋使用料など
	費用	滑走路・エプロンなどの空港整備に関わる費用

> **POINT　イギリスの空港民営化**
>
> 1987年、イギリスのBAA（英国空港運営公団）の株式上場により、ヒースロー空港やガトウィック空港が民営化され、世界初の民間による空港経営が始まりました。空港運営の効率化とともに空港内にはカフェやブランド品・嗜好品の免税店などが設置され、通路には多数の広告が掲出されるなど、収益強化の取り組みが進められています。

国や地方自治体が土地や建物などの所有権を保持しつつ、一定期間の運営権を民間企業に売却した空港を「コンセッション空港」と呼びます。

コンセッションスキーム

　空港経営の考え方が定着する一方で、ほとんどの空港で赤字経営が常態化していることから、空港経営に民間の資金とノウハウを導入し、効率化を図る取り組みが進められています。その一環として、従来は国と民間企業などが別々に運営していた滑走路などの"下物"と空港ターミナルビル・駐車場などの"上物"を、一体的に売却・運営する空港の民営化が進んでいます。ただし、航空管制などの機能や権限、および滑走路などの土地の所有権は引き続き国や自治体が持っており、滑走路などの運営権のみを民間企業に委託する形になります。

> **POINT　コンセッション空港のメリット**
> 民間の創意工夫により、非航空系の収入を拡大するとともに、柔軟な着陸料設定を通じて、新規の就航や増便を促進できます。また、地域特性をふまえた空港マーケティングに基づき、空港内の商業施設の充実や誘客キャンペーンなどを実施できます。

空港の民営化（コンセッション）事例

　空港経営の考え方に基づき、成田国際空港、関西国際空港、中部国際空港の3空港は会社管理空港として自立した経営を行っています。また、2013年施行の「民活空港運営法」により、空港民営化の枠組みが整備され、2016年には、関西国際空港と大阪国際（伊丹）空港の運営権が関西エアポート株式会社に移管されました（2018年には神戸空港も一体運営化）。さらに仙台空港、福岡空港、広島空港のような国管理空港に加え、鳥取空港や南紀白浜空港といった地方管理空港の民営化も進んでおり、今後もいくつかの空港で民営化が検討されています。

> 日本の空港管理・運営を理解するには、空港の管理（所有）と運営を分けて考えることが重要です。従来通り、空港の管理は国や自治体に残しつつ、運営には新たな経営の考え方を取り入れ、慢性的な赤字体質から脱却しようとする試みが空港のコンセッションです。

CHAPTER 4　空港の現状と課題

この章のまとめ

小テストはこちら

1 日本の空港配置はほぼ完成しているが、首都圏空港では、今後も増加が見込まれるインバウンド需要に対応するための機能強化が計画されている。

2 空港の整備や維持・運営の主な財源は、航空会社が利用者から航空運賃を通じて集め、公租公課として国に納めている。

3 ほとんどの空港では航空系事業が赤字であるが、黒字の非航空系事業と併せて効率的に一体経営する空港の民営化が進んでいる。

CHAPTER 5

経営

エアラインの
ビジネスモデル

この章のゴール

FSC（Full Service Carrier）と LCC（Low Cost Carrier）の
ビジネスモデルの特徴と違いを理解する。

エアラインの大きな資産である
航空機材の選定のプロセスを理解する。

LESSON 12
FSCとLCCのビジネスモデル

エアラインのビジネスモデルは、世界中に路線網を展開するFSC（Full Service Carrier）と、コスト削減と効率化によって低価格運賃を提供するLCC（Low Cost Carrier）に大別されます。それぞれの特徴を見ていきましょう。

FSCとLCCのビジネスモデル

　FSC（Full Service Carrier）の特徴は、広範な路線ネットワークを展開している点です。自社便に加えて他社との乗り継ぎも活用し、世界中へ路線網を展開しています。名前の通り、顧客の多様なニーズに応えるため、複数の座席クラスや機材を採用し、予約から空港、機内まで幅広いサービスを提供しています。

　一方、LCC（Low Cost Carrier）は、徹底したコスト削減と効率化が特徴です。二地点間の運航を繰り返して航空機の稼働率を高め、地上滞在時間を短縮することで高頻度運航を可能にしています。単一機種の採用やモノクラス運用、簡素なサービスを基本とし、使用料の安い二次的空港を利用するなど、運営コストを大幅に削減しています。さらに、座席指定や手荷物の預け入れを有料化し、機内食や飲み物も追加料金で提供することで収益を確保しています。

> **POINT　LCCの誕生とグローバル展開**
>
> LCCは、1971年にアメリカでサウスウエスト航空が低運賃で運航を開始したことで誕生しました。1980年代にはアメリカで急速に発展し、1990年代にはヨーロッパ、2000年代には東南アジアへと広がりました。2009年以降、日本でも「オープンスカイ」の導入をきっかけに、本格的な参入が進みました。

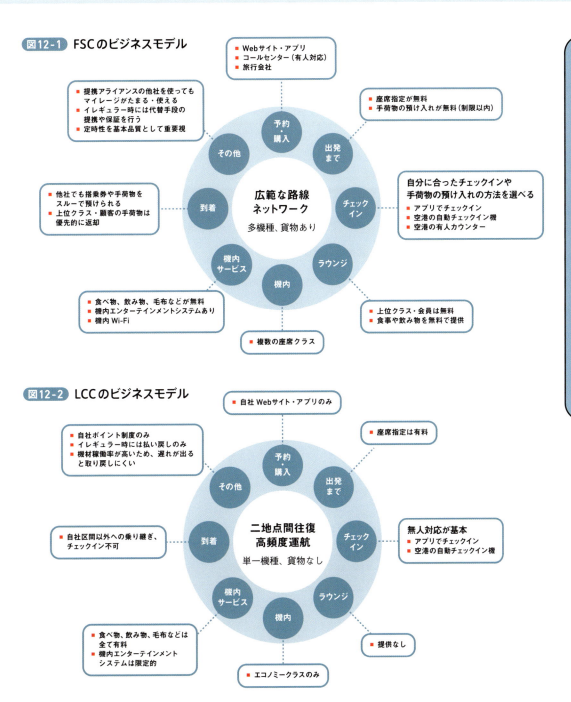

図12-1 FSCのビジネスモデル

図12-2 LCCのビジネスモデル

CHAPTER 5 エアラインのビジネスモデル

機材と運航ダイヤの違い

FSC が多くの機種を保有し、2〜4種類のクラスを提供しているのに対し、LCC は単一機種で運航し、サービスクラスもエコノミークラスのみです。また、低価格実現のために座席の前後間隔を詰めて高密度な座席配置を採用しています。

表12-1 機材と運航ダイヤの比較

	FSC	LCC
機種	大型機〜小型機	小型機を中心に1機種
運航ダイヤ	顧客の利便性重視	機材の稼働率重視
クラス構成	ファーストクラス 〜 エコノミークラス	エコノミークラスのみ
座席配置	居住性&密度	密度優先

図12-3 FSCの座席配置の例

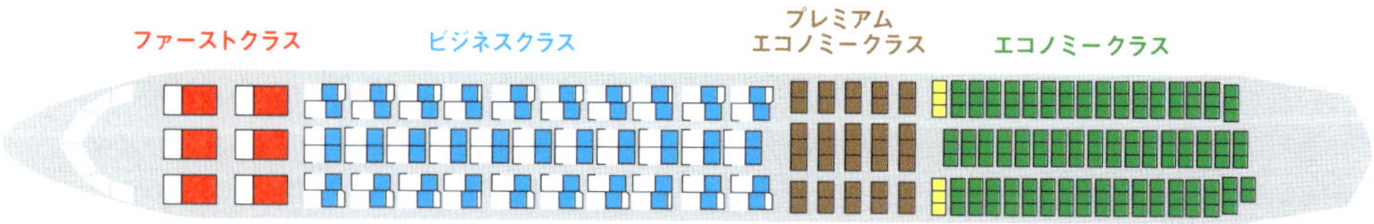

ファーストクラス　ビジネスクラス　プレミアムエコノミークラス　エコノミークラス

図12-4 LCCの座席配置の例

エコノミークラス

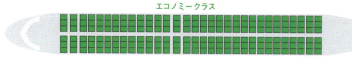

実際の全長は、エアバス A350-1000型機が約74メートル、ボーイング737型機が約40メートルあります。

事業形態の違い

LCC は二地点間を結ぶ単純往復（Point to Point）を基本としています。多くの場合、使用料の安い二次的空港を活用しています。また、運航効率を上げるため、積み降ろしに時間がかかる貨物輸送を行わないことも特徴です。

表12-2 事業形態の比較

	FSC	LCC
ネットワーク	乗り継ぎ可能な広範なネットワーク 短距離〜長距離	二地点間往復 短距離中心
拠点空港	主要空港	二次的空港
貨物事業	重要な収入源	取り扱いなし

商品・サービスの違い

LCC は空港での地上滞在時間を短縮して1日あたりの稼働を最大化していることから、遅延が発生すると回復が難しく、大きな乱れになりがちです。予備機材を持たない会社も多く、イレギュラー対応に弱い傾向があります。また、機内サービスは基本的に有料で、必要な人のみが利用する形態となっています。FSC にあるようなマイレージサービスも提供していません。

表12-3 商品・サービスの比較

	FSC	LCC
座席間隔 （エコノミークラス）	79〜86cm程度	80cm未満
運賃に含まれる サービス	手荷物の預け入れ（制限あり） 乗り継ぎ手配／空港ラウンジ 機内食・飲料 機内映画・音楽／マイレージ	原則なし
別料金サービス	事前座席指定（一部）	機内食・飲料 手荷物の預け入れ／事前座席指定

CHAPTER 5 エアラインのビジネスモデル

予約・販売の違い

LCCは基本的に自社のWebサイトを通じた直販のみで、販売コストを抑えています。乗り継ぎや他社との提携を行わず、FSCが使用する予約システム（GDS：Global Distribution System）も使用しないことで、さらなるコスト削減を実現しています。

表12-4 予約・販売の比較

	FSC	LCC
販売チャネル	自社だけでなく 旅行会社やOTA※	自社Webサイトが基本 一部OTA※も利用
運賃内容	付帯サービス込み	付帯サービスは別料金
予約システム	GDS	自社専用システム
乗り継ぎなど	他社区間やホテルなども 予約可能	他社便購入不可

※ OTA (Online Travel Agent) は、インターネット上だけで取引を行う旅行会社のこと

FSCとLCCの今後

　コロナ禍以降、ビジネス目的の旅客が減少する一方で、観光や知人訪問などの需要が増え、FSCの旅客も価格を重視する傾向が強まりました。ニーズも多様化し、サービスの「オプション化」が進んでいます。例えば、無料手荷物許容量をゼロとする運賃や、座席指定を別料金とする運賃が登場しています。この流れはビジネスクラスにも広がり、ラウンジや専用カウンターの利用を含まない運賃も導入されています。さらに、追加料金を支払うことで、本来のクラスでは付帯していないラウンジ利用や上位クラスの機内食サービスを利用できる「アンシラリーサービス」と呼ばれる仕組みも拡大しています。

図12-5　現在ではサービスの「オプション化」が進む

パッケージ

何種類かのパッケージ化された運賃から選択する

オプション化

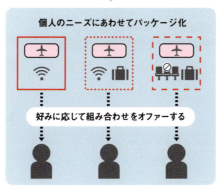
個人のニーズにあわせてパッケージ化

好みに応じて組み合わせをオファーする

自動的に付帯されていたサービスを個別に選択可能として低価格を実現する「オプション化」と追加料金でサービスを利用する「アンシラリー」は、ともにお客さまのニーズに合わせた制度として今後も拡大していきます。

CHAPTER 5　エアラインのビジネスモデル

LESSON **12**　FSC と LCC のビジネスモデル

　一方、LCC の中にも中距離や 10 時間を超える長距離路線に進出するようなキャリアが登場してきました。FSC 並みに広い座席の提供や、ビジネスクラスのような広い座席で 2 クラス制を導入する動きが出てきています。コストの削減や機体重量の軽減のため、座席にシートモニターを設置する LCC のエアラインは少ないですが、機内 Wi-Fi を無料で提供し、旅客のタブレットなどで利用できるようにするなど、長距離フライトでも快適さを追求しています。FSC と LCC のビジネスモデルは接近しつつあり、FSC が傘下に LCC を設立するなど、航空業界全体での競争が激化しています。

表 12-5　既存の LCC と新しい LCC の比較

	既存 LCC	新しい LCC
機材	エアバス A320 型機 / ボーイング 737 型機などの小型機	ボーイング 787 型機 / エアバス A330 型機などの中型機
飛行時間	3 〜 4 時間圏内	10 時間を超えるフライトもあり
クラス構成	モノクラス	上位クラスもあり（2 クラス）
座席間隔（普通席）	71 〜 74cm （28 〜 29 インチ）が主流	FSC 並みの 79 〜 81cm （31 〜 32 インチ）
機内エンターテインメントシステム	なし	シートモニターはないが、機内 Wi-Fi によるサービスあり

図 12-6　新しい LCC の座席配置の例

フルフラットシート　スタンダードシート

出典：ZIPAIR 公式サイト
　　　ZIPAIR の ZIP Full-Flat シート

新しい LCC は、フルフラットシートの上位クラスと FSC 並みに広い普通席が用意されています。

LESSON 13
航空機材の選定と導入

航空会社にとって航空機の購入は、その金額だけでなく航続距離や座席数、導入後にかかるコストなど、事業運営に大きな影響を与えます。ここではその選定と導入のプロセスを見ていきます。

機種選定の重要性

　航空機の機材選びは、航空会社の運営において非常に重要です。機材費は一般的なFSCのコスト全体の15〜20％を占め、大型機の場合、1機あたり数百億円にも及ぶ大きな投資となります。また、導入された航空機は20年程度使用されるため、その間の燃費や整備コストなどを合わせると、大きな差が生じます。そのため、購入時には価格だけでなく、将来的なコスト全体を考慮して慎重に検討されます。

図13-1　大型機は1機あたり数百億円

150〜180席クラス

例：ボーイング737型機、エアバスA320型機
120〜150億円

300〜500席クラス

例：ボーイング777型機、エアバスA350型機
400〜500億円

いずれもカタログ価格で、実際の購入価格は条件交渉により決定されています。

LESSON 13　航空機材の選定と導入

機種選定のプロセス

　航空機の選定プロセスは、導入の約5年前から始まります。投入予定の路線の飛行距離や需要予測を基に候補機種を選び、価格だけでなく、納期、燃費や整備費用といった継続的なものも含めて検討します。さらに、最近では環境負荷の軽減や将来の環境規制への対応も重要な要素となっています。航空機の製造メーカーは少なく、大型機・中型機はボーイングとエアバス、小型機（リージョナル）はエンブラエルとエアバス（旧CRJ）の2社しかないため、両社からの提案内容を多角的に比較検討します。また、現在使用している航空機と異なるメーカーに変更する場合、パイロットや整備士に新たな訓練が必要となるため、「スイッチングコスト」と呼ばれる負担も重要な検討項目となります。

パイロットや整備士は機種ごとに国家資格が必要になり、育成は時間とコストがかかります。また、整備用の予備部品の調達も必要になります。

客室仕様の決定

　航空機の選定が完了すると、次に機内の仕様を決定します。FSCでは通常、二つ以上の座席クラスで運航しており、まず、2クラスにするか3クラスにするかを検討します。それぞれのクラスの座席数、特に収益性の高いビジネスクラスを何席設けるかが重要なポイントです。また、シートの選定においては、1席あたりのスペースをどの程度確保するのかを決めます。旅客の快適性と採算性のバランスが重視され、投入予定の路線需要や競合状況をふまえて総合的に判断されます。LCCは単一機材・クラス、サービスなしにすることで、こうしたコストを削減しています。

シートやエンターテインメントシステムの選定

各クラスの座席配席が決定すると、前提となる座席サイズに基づき、具体的なシートが選定されます。シートメーカーの提供するベースモデルの価格、整備性、納期に加えて、自社が求める追加機能やデザインをどの程度反映できるのかも重要なポイントです。特に上位クラスのシートは、他社との差別化を図る重要な要素であり、選定において最も重視されるポイントの一つとなります。

図13-2 ベースモデルをカスタマイズする

出典：Safran Seats GB公式サイト

機内エンターテインメントシステム（IFE：Inflight entertainment）も、FSCの重要なサービスの一つです。シートとIFEは別のメーカーが製造するため、両メーカーと調整しながら選定をします。選定基準として、シートモニターの画面の大きさや画素数（4K対応モデルも登場）、電源対応、操作性、対応するコンテンツ数などが含まれます。さらに最近では、旅客が持ち込んだタブレットなどと連携できる機能も注目されています。

図13-3 エンターテインメントシステム（IFE）もカスタマイズ

この章のまとめ

小テストはこちら

1. FSCはネットワークを充実させ、さまざまな顧客ニーズに応えるべく、機材やクラスサービスを充実させている。

2. LCCは徹底したコスト削減とサービスの有償化などにより、低価格運賃を最大の訴求ポイントとしている。

3. FSCとLCCのビジネスモデルは、双方のメリットを取り入れながら接近しつつある。

4. 高額で長く使用する航空機の選定は、価格だけでなく、スイッチングコストや購入後のコストなど含めて検討が行われる。

CHAPTER 6

経 営

提携とアライアンス

── この章のゴール ──

FSC（Full Service Carrier）が世界規模のネットワークを持つ構造について理解する。

航空会社は二社間提携からアライアンス、共同事業へと連携を深化させ、ネットワーク拡大やコスト削減を実現していることを理解する。

LESSON 14
FSCのネットワーク戦略

FSC（Full Service Career）は、「ネットワークエアライン」とも呼ばれ、広範な路線網による航空輸送の提供を行っています。近年、自社便だけでなく、提携やアライアンスなど、他社便とのネットワーク構築が行われています。

地球規模のネットワーク

　世界中に張り巡らされたネットワークがFSCの大きな特徴です。以前はFSCが自社便のみでネットワークを構築していましたが、現在は提携やアライアンスにより、他社と共同で構築しています。例えば、日本からアメリカに行く場合、日本の航空会社が主要都市への路線、アメリカの航空会社がアメリカ国内で地方都市への接続を担当します。同様に、アメリカから日本では、日本の航空会社が国内線を担当して地方都市までのネットワークを構築しています。

図14-1
日本からアメリカに行く場合のイメージ

航空会社間の提携戦略（コードシェア）

　1980年代後半から2000年まで、多くの航空会社がコードシェア（C/S）便を軸に二社間提携を結びました。JALもカンタス航空、キャセイパシフィック航空、アメリカン航空などと提携を進めました。ただし、路線ごとに提携されるため、同じパートナーであっても対象外の路線があったり、同じ路線でも便によってコードシェア（C/S）が行われなかったりするなど、旅客には分かりにくい点もありました。

図14-2 コードシェアの例

JAL
British Airways

HND ➡ LHR （JALにて運航）

JL41　　　DEP 00:10　ARR 06:20
BA4609　DEP 00:10　ARR 06:20

POINT
他社運航便も自社便名で販売
コードシェア便では、他社運航便も自社便名で販売します。乗り継ぎの利便性を高め、マイレージもたまりやすくなるなど、旅客利便性も向上させることができます。

図14-3 コードシェアすることで行き先が大幅に増加

JAL運航＋コードシェア
412都市

コードシェア
317都市（77%）

JAL運航
95都市
（23%）

※ 就航都市数は国内、国際の合計
（2020年3月時点）

JALの自社機材での運航は95都市ですが、コードシェアによってJAL便名で行ける都市は412に拡大しました。

CHAPTER 6 提携とアライアンス

コードシェアからアライアンスへの移行

アライアンス（航空連合）は、3社以上の航空会社が予約・販売、商品・サービスといった顧客サービスにおける事業運営を原則、全路線で協力する仕組みです。二社間の路線提携と比べてネットワークが大幅に拡大するだけでなく、マイレージプログラムやラウンジなどの共通化を通じて、顧客の利便性向上や囲い込みを実現します。また、施設や機材の相互利用によるコスト削減も可能です。

アライアンスの歴史は、1997年に設立されたスターアライアンスに始まり、1999年にワンワールド、2000年にスカイチームが創設され、現在の「3大アライアンス体制」が形成されました。3大アライアンスのシェアは航空業界全体の75%を占めます。

JALはワンワールドに加盟しており、約170カ国/地域、900都市以上という広範なネットワークで、最高レベルのサービスと利便性を提供します。

表14-1 現在の3大アライアンス（加盟社数は2025年2月時点）

アライアンス	ワンワールド 13社	スターアライアンス 25社	スカイチーム 18社
主な加盟社	American Airlines British Airways 日本航空株式会社 (Japan Airlines) Qantas Qatar Airways Cathay Pacific Airways Alaska Airlines	Lufthansa United Airlines 全日本空輸株式会社 (ALL NIPPON AIRWAYS) 中国国際航空 (Air China) Singapore Airlines	Delta Air Lines AIRFRANCE 中国東方航空 (China Eastern Airlines) 大韓航空 (Korean Air)
就航都市	約170カ国/地域・900都市以上	約190カ国/地域・1200都市以上	約160カ国/地域・1000都市以上
年間旅客数	約5億人	約7億2700万人	約6億2400万人

図 14-4　アライアンスの加盟により路線網が拡大

出典：ワンワールドHP

CHAPTER 6　提携とアライアンス

ワンワールドに加盟する航空会社は年間450万便以上を運航しています。世界170カ国・地域、900都市以上に就航しており、出張にも観光にも最適なグローバル・ネットワークを提供しています。

LESSON 14　FSCのネットワーク戦略

アライアンスから共同事業へ

共同事業は、二社間のコードシェアやアライアンスを深化させた提携形態です。特定の路線で複数の航空会社が、まるで一つの会社のように一体運用を行います。この仕組みは「共通のお財布」を持つと考えると分かりやすいでしょう。相手の航空会社が運航する便の座席を販売して得た収入も、共通のお財布に入ります。

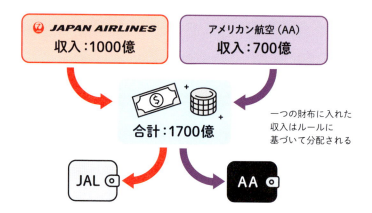

図14-5
共同事業のイメージ

共同事業における最大のメリットは運航ダイヤの設定です。通常、旅客に人気の時間帯で各航空会社が競合しがちですが、共同事業では「お財布」が共有されているため、1社が主要な時間帯、もう1社が次に選ばれやすい時間帯に運航します。これにより競合が解消され、航空会社間でWin-Winの関係が構築されるとともに、旅客にはより多くの選択肢が提供されます。ただし、共同事業では利用者の利便性が損なわれたり、価格拘束が生じないように、事前に独占禁止法適用除外（ATI：Anti-Trust Immunity）を関係国から取得する必要があります。

表14-2
アライアンスと共同事業の違い

	アライアンス	共同事業
路便計画	各社	パートナーと共同計画＆共同展開
運賃設定	各社	
相互販売	各社	
サービス	共通のサービスを提供	
収入配分	なし	あり

FSCは提携強化により成長

　FSCの連携は、リソースの有効活用や効率化を目的とした二社間提携から始まり、アライアンスの形成、共同事業へと関係を深化させてきました。さらに、大規模事業のメリットを追求するため、欧米を中心に経営統合や買収による合併も進んでいます。一方で、各FSCは自社の強みを活かすために、アライアンスに加盟しながらも、独自のサービス開発やアライアンス以外の航空会社との連携を模索する動きもあります。航空産業は国益に深く関わるため、提携関係の構築と自主性の維持のバランスをとることが航空会社にとって重要な課題となっています。

CHAPTER 6 提携とアライアンス

図14-6
事業形態と
関係の深さ

関係の深さ

自社運航	● 自社のみで運航する方式
インターライン	● 旅客と手荷物が相互に乗り継ぎできる方式
マイレージ・ラウンジ相互利用	● 相互のマイレージ精算、特典利用が可能 ● 空港ラウンジの相互利用で顧客への提供機会を増やす ● 空港ラウンジに関わるコスト上昇を抑える
コードシェア	● 同一便を複数の航空会社が異なる便名で販売する
グローバル・アライアンス	● 価値観を共有する複数の空港会社が集まった集団 ● 統一感のある商品、サービスが提供される
共同事業	● 特定の経路で一体的な事業運営を行う ● 独占禁止法適用除外の認可が必要 ● 通常の提携の範囲を超えた活動を行う
経営統合	● 実質的な一社化 ● 傘下の会社の個別ブランドを残す ● 便名、ブランド名を含めて全て統一する

この章のまとめ

小テストはこちら

1　FSCはネットワークを世界中に張り巡らせることで発展してきた。

2　自社便だけでなく、コードシェアやアライアンスにより、ネットワークを充実させる戦略を取るようになってきている。

3　ネットワークの充実と収益性の向上のため、提携はさらに深化した共同事業や事業統合といった形態まで進んでいる。

CHAPTER 7

経営

商品・サービス戦略・販売戦略

この章のゴール

顧客理解から始まるエアラインの
商品・サービス戦略策定の流れを理解する。

航空券販売における価格設定の仕組みと
販売戦略について理解する。

LESSON 15
商品・サービス戦略

航空会社は顧客のニーズを深く理解し、CX戦略を用いたサービス向上を図っています。シートや機内食の改善、満足度調査の活用など、エアラインの商品・サービス戦略の策定と具体的な施策について見ていきましょう。

顧客を理解する

「エアライン利用者」と一口に言っても、ニーズや利用時に重視するサービスは人それぞれ異なります。そのため、自社を利用する顧客層や、これから獲得を目指す顧客層について、そのニーズを顧客アンケートや市場調査を通じて理解することが重要です。また、航空利用者はその目的によって航空会社選択時の特性が大きく異なることが知られています。

業務利用
上位クラス利用が多く、費用が会社負担のため、価格に対する感応度は低い。商品・サービス品質がエアライン選択時に大きな理由になる。

観光需要や VFR（Visit Friends & Relatives）
エコノミークラス利用が多く、多くの場合費用は自己負担のため、価格に対する感応度が高い。

商品・サービスに一定の品質を求める層はFSCを選び、移動手段と割り切って価格を重視する層はLCCを選ぶ傾向があります。

Customer Experience (CX) 戦略

　航空機の利用時に何を重視するかは、利用目的だけでなく、顧客の年齢や搭乗時間の長さによっても異なります。そのため、重要視するポイントや度合いを明らかにすることが重要です。また、ターゲットとする顧客層が他社と競合している場合、ベンチマーク調査を通じて顧客特性を把握し、自社の強みや弱みを明確にしながら、競合との差別化戦略を策定します。特に重要なのは、「誰に」「どのような商品サービスを」「どのような形で」提供するかというコンセプトを明確にすることです。このコンセプトがエアラインのブランドイメージ形成に直結します。また、顧客との接点を購入時から利用後に至るまで一貫した流れで捉え、ハード・ソフト・ヒューマンを横断的に提供していくことが重要です。この一連の取り組みを通じて顧客満足度を向上させる考え方を Customer Experience (CX) 戦略と呼んでいます。

図15-1　事業横断で顧客起点のCXを実現する

LESSON 15　商品・サービス戦略

商品・サービス戦略

　航空機の座席配置は、路線ごとに異なる顧客層や利用比率に応じて、同じ機材でも変わります。世界の主要都市を結ぶ路線では、VIPやビジネス利用者が多いため、ファーストクラス付きでビジネスクラスの座席数が多い配列となります。準幹線と呼ばれるビジネス路線では、ファーストクラスがなく、ビジネスクラスが多い仕様、観光客の多い路線では、エコノミークラスの多い座席配置と、客室仕様が異なります。

図15-2　主要都市路線仕様（ファーストクラス付きでビジネスクラスが多い）

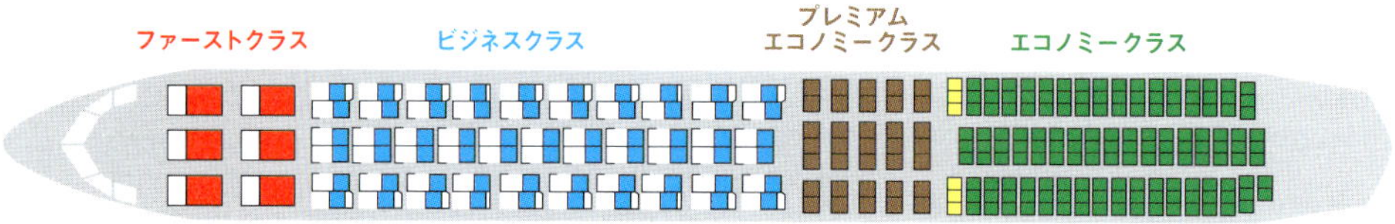

図15-3　準幹線仕様（ファーストクラスなしでビジネスクラスが多い）

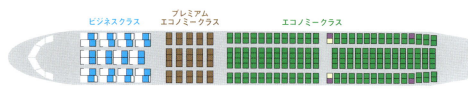

図15-4　観光路線仕様（ビジネスクラスが少なくエコノミークラスが多い）

シートの変遷

　長時間の移動において、快適性に最も影響を与えるのはシートです。ビジネスクラスの旅客の期待は主に2点で、出張先や帰国後に備えてゆっくり休めることと、機内でも仕事ができることです。この要求を満たすため、ビジネスクラスのシートは「睡眠」と「プライバシー」を追求して進化してきました。1980年代までは手動式のリクライニングで、普通席が大きくなったようなものでしたが、90年代にはベッド型の電動シートが登場。2000年代には完全に水平になるベッド型シートとなり、現在ではドア付きの個室タイプが主流になりつつあります。

　エコノミークラスでも、座り心地の良い薄型シートの導入やシート間隔の拡大など、快適性の向上が図られてきました。また、個人テレビや機内Wi-Fiの装着により、エンターテインメントの面でも大きな進化をしています。

図15-5　ビジネスクラスのシートの進化

1980年代
手動リクライニング

1990年代
電動ライフラット
（約170度のリクライニング）

2000年代
電動フルフラット

2020年代〜
ドア付きの個室タイプが主流になりつつある

図15-6　エコノミークラスのシートの進化

IFEなし（大画面での放映のみ）
（IFE：Inflight Entertainment）

IFE装着初期（1990年代）
IFEは装着されたが、その分シートが厚くなっている

現行機（A350-1000型機）
大きな画面と薄型シートで、快適性が向上している

CHAPTER 7　商品・サービス戦略・販売戦略

LESSON **15** 商品・サービス戦略

機内食

　機内食はFSCの機内サービスにおいて重要な要素の一つです。各社が趣向を凝らしたメニューを提供していますが、航空機内では火を使えない制約があるため、地上である程度調理された料理を機内で温め直して提供する形式は旧来から変わっていません。この制約の中でも、各航空会社は自国の特徴を活かしたメニューや有名シェフの監修など、さまざまな工夫を取り入れています。近年では、個室型シートの登場に伴い、ビジネスクラスでは食事のタイミングや好みのメニューを組み合わせられるパーソナライズ化された機内食も提供されています。

図15-7 1950年代の機内食

図15-8 現在の機内食

> 食器や盛り付けはレストランに近づいていますが、機内では火が使用できないという制約があるため、地上と全く同じ食事を提供することは難しい状況です。

モニタリングと顧客満足

　商品・サービスは継続的にモニタリングされます。企画通りに提供されているか、顧客ニーズが変化していないかなどを満足度アンケートなどで確認し、不満や不具合などを早期に見つけて改善することで顧客の離反を防ぎます。また、満足度の高さは企業やブランドに対する愛着・信頼の度合いを示す顧客ロイヤルティーに直結します。アンケート結果の「まあまあ満足」と「大変に満足」では再利用意向に差があることが分かっています。高い満足度を得た顧客はその経験を他者に伝えたり（口コミ）、推奨したりする傾向が強くなり、新規顧客の獲得にもつながります。さらに、顧客利用時の接点全てを総合的に考えることも重要です。具体的には、予約システムの使いやすさ、空港や客室でのヒューマンサービス、トラブル時の対応などが挙げられます。

図15-9 顧客の満足度の高さは収益の向上につながる

顧客満足（CS）／顧客体験（CX）とても満足した状態 → 再利用意向 → 顧客の囲い込み／推奨意向 → 新規顧客の獲得 → 収益の向上

HINT　モニタリング指標の例

- **体験評価**
  利用者アンケート
- **実績評価**
  マイレージ会員の利用実績分析
- **発信・コミュニケーション**
  メディア露出数
  自社SNSへの反応

顧客起点で考える一連の流れを「カスタマーエクスペリエンス」や「カスタマージャーニー」などと呼びます。近年ではデジタル技術の活用も含めて、特にFSCにおいて重要視されています。

CHAPTER 7　商品・サービス戦略・販売戦略

LESSON 16
販売戦略

エアラインの商品である航空券販売の流れや、それを促進する重要なプロモーションツールであるマイレージプログラムについて具体的に見ていきましょう。さらに、これらが顧客ロイヤルティー向上にどう寄与するかも考察します。

運賃とプライシング

航空券は運航日の1年前から販売され、供給数がほぼ固定されているため、収入を最大化するには「1席あたりの単価を高める」ことが求められます。しかし、高い運賃だけで満席にするのは難しく、予約が少ない時期や時間帯には、柔軟な価格設定でお得な運賃を提供し、需要の平準化を図る必要があります。このため、エアラインは複数の割引運賃を導入して空席が出ないように販売していきます。これらの運賃は事前購入の他、払い戻しや便変更ができないなどの条件が付きますが、価格が安いため、観光や知人訪問などの予定が決まっている利用者には定着しています。

表16-1 国内線の例

価格	運賃クラス	購入期限	払い戻し	便変更	顧客の目的
高	A	当日	無料	無料	ビジネス
↕	B	前日まで	有料	不可	ビジネス 帰省 知人・親戚訪問
低	C	28日前まで	有料	不可	観光

レベニューマネジメント

　複数の運賃を活用して残席をなくし、平均単価を高めることで収入を最大化するには、どの運賃をどれだけ販売するかが重要です。割引運賃で事前に多く販売し過ぎると、正規運賃のお客さまが購入できずに収入も伸びません。逆に単価の高い運賃で販売して売れ残ると、収入ゼロの空席がたくさん出てしまいます。どちらも販売戦略として失敗です。正規運賃と割引運賃をどの程度販売するかを決める手法を「レベニューマネジメント」と呼びます。最長1年先までの需要を予測し、それぞれの運賃をどう組み合わせて販売するかを決定していく必要があります。

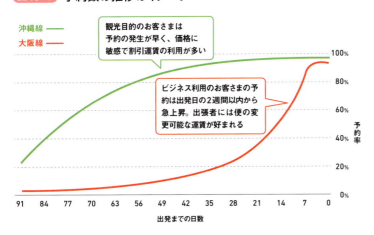

図16-1　予約数の推移のイメージ

観光目的のお客さまは予約の発生が早く、価格に敏感で割引運賃の利用が多い

ビジネス利用のお客さまの予約は出発日の2週間以内から急上昇。出張者には便の変更可能な運賃が好まれる

ビジネス利用の多い大阪線と観光目的が中心の沖縄線では予約の発生時期が異なります。収入の最大化には、路線ごとの特性を踏まえて割引運賃の販売数などをコントロールすることが重要です。

　需要予測は過去の販売実績や最新のトレンド、季節特性などのデータを基にシステムで求めます。予測値は便ごとに異なり、同じ便でもクラスによって異なります。販売開始から運航日までの間、販売状況が予測値と異なることも多いため、定期的に予測値を修正しながら、収入の最大化を目指します。膨大なデータから予測が可能になったのは、コンピューターの性能が向上した近年のことです。エアライン・ビジネスでは在庫がきかないため、予測システムが収益性を大きく左右する要素として多くの航空会社で活用されています。

LESSON **16** 販売戦略

販売チャネルの主役は対面からWeb・アプリへ

　一般のお客さまが航空券を予約・購入する方法や経路は、大きく分けて次の三つがあります。空港や旅行会社のカウンターなどで直接やり取りをする「対面販売」、コールセンターなどで予約を受ける「電話受付」、そして航空会社や旅行会社のWebサイトやアプリなどを利用する「インターネット販売」です。

図16-2 航空券の予約・購入は対面からWeb・アプリ経由に変化

　航空券を専用の紙を使って発券、処理をしていた2000年ごろまでは、空港や市中にある旅行会社のカウンターでの対面販売が最も多く利用されていました。その後、2000年代前半に航空券のeチケット化（電子航空券）や航空会社のチケットレスサービスが導入されると、予約・購入は徐々に電話受付やインターネット販売へと移行します。スマートフォンの普及が進んだ2000年代後半以降、インターネット販売を利用するお客さまの割合が年々増加し、現在では航空会社のWebサイトやアプリを通じて、ご自分で航空券を予約・購入されるお客さまの割合が最も多くなっています。

日本初インターネット経由の航空券予約サービス

JALのWebサイト（https://www.jal.co.jp/）は1995年に開設され、翌1996年には早くも日本で初めてインターネット経由での航空券予約サービスを開始しました。航空券は高額な決済を伴う商品ですが、電子化（eチケット化）によって商品の配送が不要なため、インターネット販売と大変相性が良いことが特徴です。現在、JALのWebサイトは世界50カ国・地域以上（15カ国語、16通貨対応）で展開されており、決済される金額は年間で5000億円以上です。これは自社商品のみを取り扱っている企業のWebサイトとしては、日本で最大級の規模です。

図16-3 日本初の航空券予約サービス（JAL Webサイト）

サイトオープン
1995年 サイト設立
1996年 インターネット予約開始

展開地域
50カ国・地域以上
15カ国語
16通貨

CHAPTER 7 商品・サービス戦略・販売戦略

価格戦略とプロモーション手法の変化

航空券の販売チャネルがWebサイトやアプリに移行したことで、航空会社の価格戦略やプロモーション手法は、大きく変化しました。インターネットを利用したオンライン販売が主となると、予約状況に応じて価格が変動する「ダイナミックプライシング」の割引運賃も導入され、レベニューマネジメントが航空会社の販売戦略としてより重要なものとなりました。

プロモーション手法は、従来のテレビや新聞を使い、不特定多数に同じメッセージを届ける「マスマーケティング」から、Webサイトの検索履歴や閲覧履歴を基に、お客さま一人一人のニーズを分析し、最適な情報を提供する「One to One マーケティング」が主流となりました。

代表的な手法として、お客さまの興味関心を分析してお客さまに合った情報をおすすめする「レコメンデーション」や、自社Webサイトの閲覧者を追跡し、他のWebサイト上で広告を表示する「ターゲティング広告」などがあります。さらに、マイレージプログラムの会員情報と連携することで、お客さまの利用実績や属性に応じてプロモーション内容や特典を調整するなど、より精度の高いマーケティングが行われるようになりました。

図 16-4
One to Oneマーケティングの展開が可能に

一人一人に合わせた
メッセージを配信できる

継続利用を促すマイレージプログラム

マイレージプログラムはお客さまがエアラインを選ぶ重要な要素であり、パーソナライズされたサービスやプロモーションに活用される貴重な財産となっています。マイレージプログラムの最大の目的は、一度ご利用いただいたお客さまに継続的かつ優先的に利用してもらうことにあります。

近年、日本企業のマーケティングでは「ライフタイムバリュー（顧客生涯価値）の最大化」という考え方が注目されています（P.44参照）。人口減少や競争の激化により、新規顧客の獲得がますます難しくなる中、既存顧客との長期的なエンゲージメント（関係構築）がより重要になっています。アメリカのコンサルティング会社のディレクターであるフレデリック・ライヘルド氏によると、新規顧客を獲得するコストは既存顧客の5倍かかる（1:5の法則）と言われており、このことからも既存顧客のロイヤルティーを高める戦略の重要性は明らかです。マイレージプログラムを通じて、継続利用するお客さまに特典やインセンティブを提供し、顧客ロイヤルティーを高めることは、ライフタイムバリューの最大化に欠かせません。

図16-5
2割の優良顧客が8割の利益をもたらす

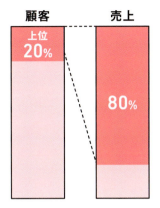

イタリアの経済学者パレートが提唱した「2:8の法則」は、2割の優良顧客が売上の8割を生むという考え方です。この法則を基に、2割の固定客へ経営資源を集中することで効率的なマーケティングや経営が可能となります。

CHAPTER 7　商品・サービス戦略・販売戦略

JALマイレージバンク

　JALマイレージバンクでは、顧客は搭乗ごとに利用距離と運賃に応じてマイルがたまります。提携航空会社の利用でもマイルは付与され、特典航空券との交換や座席のアップグレードが可能です。提携先での買い物にも使えるため、同じ航空会社を利用する傾向が強まります。さらに、航空会社の発行するクレジットカードを利用するとマイルがたまりやすくなり、日常生活との結びつきが深まります。
　また、一定条件を満たすとステイタス（会員種別）が付与されます。上位ステイタス会員にはラウンジ利用、優先搭乗、手荷物優先返却などの特典があり、上位クラスほど特典が充実します。この仕組みは、より上位ステイタスを目指して顧客の利用を促進する効果があります。

- **フライトマイル**
JALグループ便への搭乗ごとに、距離や運賃に応じてマイルがたまる
- **会員ステイタス**
搭乗距離・回数によってステイタスが上がり、特典が増える
- **日常生活でのマイル**
航空会社発行のクレジットカード利用や提携店の利用でマイルがたまる

この章のまとめ

1. 商品戦略は、顧客を知り、購入から利用後までの一連の流れで顧客満足度を向上させるCX戦略を重視している。

2. 商品サービスは、顧客のニーズに応えるために、シートや食事に工夫を凝らすとともに、全体的な体験としての満足度の向上を目指しモニタリングを行っている。

3. 価格設定に関しては、データに基づく需要予測とプライシングで、空席の最小化・収入の最大化を図っている。

4. eコマースが中心になり、One to One マーケティングによる顧客に寄り添ったコミュニケーションが可能になった。

5. マイルは顧客・航空会社の双方に魅力的で、航空機利用時だけではなく普段の生活でも「たまる」「使える」ものとなっており、「経済圏」拡大が重要な戦略となっている。

CHAPTER 8

経営

貨物事業

この章のゴール

航空貨物輸送の特徴を理解し、
メリットとデメリットについて説明できる。

航空貨物事業のビジネスモデルの特徴や
課題を説明できる。

航空貨物輸送の課題と、
今後の社会課題解決への役割を理解する。

LESSON 17

航空貨物輸送の特徴

航空貨物輸送は、高速輸送が可能な信頼性の高い輸送手段です。ここでは、航空貨物輸送の特徴や、輸送される貨物の具体例、輸送量の推移、世界の航空貨物マーケットについて学びます。

貨物輸送とは

　貨物輸送には旅客輸送とは異なる特徴があります。貨物は一度輸送されると基本的に戻ることがなく、片道輸送で完結します。また、貨物自身が現在地や配送状況を伝えることができないため、正確なトラッキングと管理が求められます。さらに、貨物は自力で移動できないため、空港への輸送から最終配送に至るまで、さまざまな関係者を巻き込んだ一貫した物流ネットワークが欠かせません。貨物輸送には、主にトラック、鉄道、海上、航空の四つの手段があり、それぞれ特徴があります。

表 17-1　主な貨物輸送

輸送手段	特徴
トラック輸送	柔軟性が高く、ドア・ツー・ドアのサービスが可能。短距離から中距離の輸送に適している。今後、2024年問題※の影響が懸念される。
鉄道輸送	長距離輸送において、大量の貨物を効率的に輸送できる。コストが抑えられ、環境負荷も少ない。
海上輸送	国際貿易において、最も一般的な手段。大量の貨物を低コストで輸送できる。
航空輸送	高速輸送と高い信頼性、定時性が特徴。ただし、輸送コストが高く、大量輸送には不向き。

※ 2024年4月からの働き方改革関連法の施行により、トラック運転手や建設業の労働時間が制限され、人手不足が深刻化する懸念がある

> **POINT　貨物輸送**
> 貨物輸送は、商品や原材料をある地点から別の地点へ移動させるプロセスです。効率的な貨物輸送は、物流の最適化やサプライチェーンの維持に不可欠であり、経済活動の基盤を支えています。

航空貨物のメリットとデメリット

航空貨物のメリットは、高速輸送と高い信頼性です。迅速な配送により、企業は商品を早期に市場投入し、戦略的にシェア拡大を図ることが可能です。また、在庫コストや機会損失を削減し、トータルコストの削減にも貢献します。輸送中の振動が少なく、定時運航にも優れ、精密機械や高価値商品を安全に輸送できる信頼性の高さも特徴です。一方で、輸送コストが高く、重量や容積に制限があるため、大量・大型貨物には不向きです。他の輸送手段と比較して、環境負荷が高い点も課題となります。

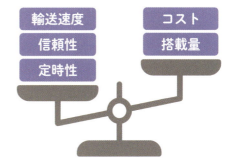

図 17-1　航空貨物の主な特徴

航空貨物で輸送される貨物

航空貨物で輸送される貨物には、高価値商品や緊急性の高い物品が多く含まれます。例として電子機器、精密機械、自動車・電子部品、医薬品、医療機器、ファッションアイテム、宝石類などが挙げられます。最近では越境ECにより、やり取りされる貨物も急増しています。また、生鮮食品や花卉（かき）など、鮮度が重要な商品の他、重要な書類や契約書、サンプル品など、迅速な配送が求められる場合にも航空貨物が利用されます。

表 17-2　航空貨物で輸送される主な貨物（重量順）

輸出	輸入
半導体等電子部品	自動車部品
自動車部品	衣類
金属製品	半導体等電子部品
医療用機械	事務用品・コンピューター
電気計測機械	医療用機械
科学光学機器・カメラ・時計	魚介類
織物	医療品
事務用機器・コンピューター	果実・野菜
衣類	科学光学機器・カメラ・時計
魚介類	金属製品

出典：2022年度国際航空貨物動態調査報告書

LESSON 17 　航空貨物輸送の特徴

グラフ 17-1 日本の輸出入に占める航空輸送（2019年）

以下のグラフを見ると、高付加価値貨物が航空輸送されていることがよく分かります。

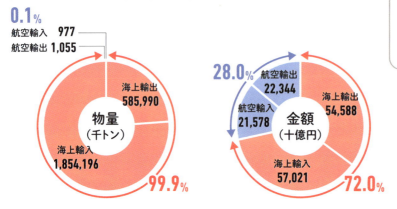

日本の輸出入に占める航空輸送の割合は、重量で0.1%ですが、金額では28.0%と大きな割合を占めます。

出典：航空貨物取扱実績（航空貨物運送協会）、港湾統計（国土交通省）
出典：貿易統計（財務省）

さまざまな航空貨物

　航空貨物では、すでに説明した貨物以外にも、非常に多様な貨物が輸送されています。例えば、競走馬のような高価な動物や展覧会用の高価な美術品も航空機で安全に運ばれます。季節限定のボジョレーヌーボーも、解禁日にあわせて世界中に届けられます。博多万能ねぎなどの食材も鮮度を保ったまま輸送されます。この他にも多様な貨物が航空輸送されており、物流の世界がいかに広範で興味深いかを感じ取ることができます。

図 17-2 さまざまな航空貨物

日本における航空貨物の需要の推移

日本発着の国際貨物は、経済のグローバル化や越境ECの拡大に伴い増加してきましたが、経済状況や海上輸送の動向などの影響を受けやすい側面があります。2020年は新型コロナウイルス感染症の影響で旅客便が大幅に減少し、航空貨物にも影響が及びました。しかし、翌2021年には海上輸送の混乱も重なり、国際貨物の需要が急回復しました。今後も、国際貨物の需要は中長期的に成長すると見込まれています。国内貨物は緊急性の高い貨物や高価値商品の扱いが増える一方、輸送量は減少傾向ですが、2024年問題により輸送手段としての重要性は高まると想定されています。

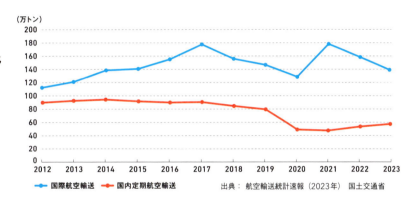

グラフ 17-2 航空貨物の輸送実績の推移

出典：航空輸送統計速報（2023年）国土交通省

世界の航空貨物マーケット

航空貨物は地域ごとに異なる特徴があります。北米は越境ECの急成長により、消費財や電子機器の輸送が増加。アジア・オセアニアは製造業の中心地であり、越境EC需要も拡大、自動車部品や半導体、衣料品の輸送が盛んです。欧州は他地域に比べて医薬品や高価値商品の輸送が多く、また環境への配慮の取り組みが進んでいます。このように、各地域の特性に応じた輸送が、航空貨物マーケットの成長を支えています。

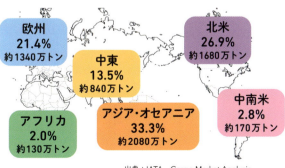

図 17-3 世界の航空貨物マーケットシェア

欧州 21.4% 約1340万トン
北米 26.9% 約1680万トン
中東 13.5% 約840万トン
アフリカ 2.0% 約130万トン
アジア・オセアニア 33.3% 約2080万トン
中南米 2.8% 約170万トン

出典：IATA　Cargo Market Analysis

LESSON 18
航空貨物のビジネスモデル

航空貨物は自力では移動できないため、航空貨物に携わる事業者の連携が必要です。ここでは、航空貨物の輸送の流れと主な輸送事業者、空港でのハンドリングや、航空貨物の社会的役割と課題を学びます。

航空貨物の流れ

航空貨物は一連のプロセスを経て迅速かつ安全に届けられます。まず、荷送人が貨物をフォワーダー（利用航空運送事業者）に引き渡します。フォワーダーは書類を作成し、航空会社に貨物の予約手続きをします。国際貨物なら通関や検疫も手配します。

そして、空港に貨物を搬入し、航空会社に引き渡します。空港でのハンドリングは、航空会社は必要な確認を行い、航空機に搭載します（P.102参照）。航空機が目的地の空港に到着後、貨物は航空会社からフォワーダー経由で荷受人に配送されます。

図 18-1 航空貨物の一連のプロセス

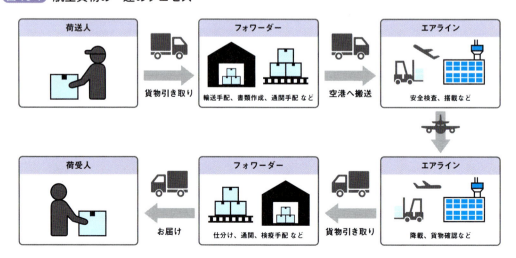

フォワーダー（利用航空運送事業者）

貨物は自ら移動できないため、輸送全体を管理する事業者が不可欠です。航空会社は空港間の輸送を担当しますが、その前後の集荷や配送、時には通関や一次保管までのサービスを担うのが、日本通運やヤマト運輸といったフォワーダーです。フォワーダーが複数の荷主から貨物を集めて、混載貨物としてまとめて航空会社へ預ける形態が一般的です。多くの場合、航空会社にとっての荷送人・荷受人はフォワーダーです。

表18-1 代表的なフォワーダーなど

国際
- 日本通運株式会社
- 株式会社近鉄エクスプレス
- 郵船ロジスティクス株式会社

国内
- ヤマト運輸株式会社
- SGHグローバル・ジャパン株式会社
- 日本郵便株式会社

インテグレーター

インテグレーターは、航空貨物輸送において、輸送、通関、倉庫保管、配送などの一貫した物流サービスを提供する企業で、自社の貨物機も保有しています。自社で運航していない区間については、航空会社の貨物スペースも一部利用し、世界各地への輸送ネットワークを構築しています。顧客は複数の業者と契約する手間を省き、効率的かつ迅速な貨物輸送を実現できます。代表的なインテグレーターには、FedEx、UPS、DHLなどがあります。

表18-2 代表的なインテグレーター

- FedEx Corporation
- United Parcel Service, Inc.
- DHL International GmbH

CHAPTER 8 貨物事業

LESSON 18　航空貨物のビジネスモデル

空港でのハンドリング

　航空会社はフォワーダーから貨物を受け取ると、貨物の詳細を確認し、予約情報に沿って貨物の輸送プランを作成します。その後、航空貨物を一定の単位にまとめ、航空機の貨物室に搭載する器材（ULD：UnitLoad Device）に積み付けを行い、その後一時保管します。航空機へ搭載する際には、貨物の重量やバランスを考慮し、機内に適切に配置します。

　目的地の空港に到着すると、航空会社が貨物を取り降ろし、通関業者による通関手続きのあと、貨物はフォワーダーを通じて荷受人に引き渡されます。安全かつ高品質なハンドリングは、貨物の迅速かつ確実な輸送を実現する上で非常に重要であり、その品質は荷主の顧客満足度を大きく左右するため、荷主やフォワーダーが航空会社を選択する際の重要な要素となります。

図18-2　航空貨物の受け取りと搭載

貨物の受託後に航空コンテナやパレットに積み付ける。コンテナとパレットは貨物室へ、ばら積み貨物は専用の貨物室に積載する。

航空貨物の輸送形態

航空貨物輸送には、主に旅客機の下部貨物室（ベリースペース）を使った輸送と、貨物専用機（フレイター）を使った輸送の二つがあります。旅客機のベリースペースを利用した輸送は、旅客便の運航スケジュールにあわせて貨物を運ぶため、頻繁な便数と広範なネットワークが利点です。

一方、フレイターは広い貨物室を備えており、大型貨物や特殊貨物の輸送に適しています。搭載量が多く、貨物の形状や重量に柔軟に対応できるため、大量の貨物や特別な貨物にも対応可能です。両者それぞれの特性を活かした効率的な航空貨物輸送を実現しています。

 図18-3 ベリースペースとフレイター

ベリースペース

フレイター

この他、航空機と乗員、整備、保険を含むリース契約をするウェットリースや、特定のフライトを顧客の要望に応じて運航するチャーターといった輸送形態もあります。

CHAPTER 8 貨物事業

Voice

航空貨物を支える使命とやりがい

株式会社 JALカーゴサービス
輸出事業部
高田 彩葉

　成田空港の出発便の貨物取り扱いを担当しています。日本発の輸出貨物に加え、東南アジアや中国からの継ぎ越し貨物など、多様な貨物を輸送します。貨物スペースを最適に活用し、限られた時間内で安全・高品質・効率的な輸送を実現するのが私の仕事です。

　貨物にはお客さまの事情だけでなく、天候や経済状況などの背景があることを、物流の最前線に関わっていると実感します。時間に追われる場面もありますが、社会インフラを支える役割にやりがいを感じます。計画通りに便が出発したときの達成感は格別で、今後も経験を積み、スキルを磨きたいと思っています。

LESSON 19
航空貨物の社会的役割

> 航空貨物輸送はサプライチェーンの要であり、地域活性化にも貢献します。自然災害などの際には緊急輸送を担います。近年、物流の2024年問題が社会課題となり、航空貨物輸送の社会的役割はより重要になっています。

①サプライチェーンの要

　航空貨物輸送は、サプライチェーンの要として重要な役割を果たしています。短時間で高価値商品や緊急性の高い貨物を届けられるため、企業は大量の在庫を抱える必要がなくなり、在庫コストを削減できます。また、地理的な制約を超え、世界中に輸送可能な点で、グローバルな供給網の構築を容易にします。さらに、定時運航が確保されているため信頼性が高く、サプライチェーン全体の効率性と安定性を向上させます。これらの特長から、航空貨物輸送は現代の物流に欠かせない存在といえます。

図 19-1　航空貨物輸送はサプライチェーンの要

②地域活性化に貢献

　航空貨物輸送は地域活性化においても重要な役割を担っています。特に地域産品の海外輸出において、迅速かつ効率的な輸送手段として不可欠です。地方から出荷された生鮮貨物が国内線と国際線に乗り継ぎされることで、翌日の夕刻には海外の食卓に供されることも可能となります。地域の生産者は新たな市場を開拓し、収益を増加させることができます。さらに地域ブランドの認知度向上にも寄与し、観光客の誘致や地域経済の活性化にもつながります。航空貨物輸送は、地域産品のグローバルな展開を支える重要なインフラであり、地域の持続可能な発展に大きく貢献しています。

図19-2 航空貨物で輸送される地域産品の例

③災害時に果たす役割

　災害支援やインフラ障害時においても航空貨物輸送は重要です。地震や洪水などの自然災害が発生し、道路や鉄道が不通になった場合、航空貨物は被災地へ迅速に救援物資や医療用品を届けるための欠かせない手段となります。具体例として、2011年の東日本大震災では、航空貨物が被災地への緊急物資の輸送に大きく貢献しました。このように、迅速かつ柔軟な対応が求められる状況で、航空貨物輸送はその社会的役割を余すところなく発揮しています。

図19-3 緊急物資の輸送にも貢献

④ 2024年問題への対応

物流の2024年問題とは、2024年4月以降の労働時間規制により、トラックドライバーの時間外労働が年間960時間に制限されることに起因する社会問題です。長距離輸送業者は、従来の輸送能力の維持が難しくなり、商品が適時に届けられない可能性があります。また、人件費の増加や業務効率低下に直面し、荷主企業のコスト増加も予想されます。航空貨物は迅速な長距離輸送によって地上輸送の負担を軽減し、2024年問題の緩和に貢献します。JALグループはヤマトグループと提携し、2024年4月から国内貨物専用機の運航を開始、宅配便などの輸送力向上により、社会課題解決に貢献しています。

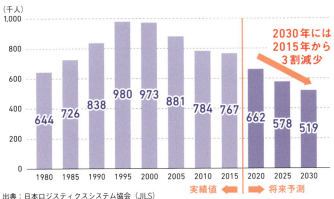

グラフ19-1　道路貨物輸送業の運転従事者数の推移

出典：日本ロジスティクスシステム協会（JILS）
「ロジスティクスコンセプト2030」2020年1月

図19-4　JALとヤマトグループが提携した国内貨物専用機

2000年代後半からドライバー数は急減しており、2030年には物流需要の36%が運べなくなるとの試算もあります。

LESSON 20
航空貨物の課題

航空貨物にはいくつかの課題があります。今後、深刻な人材不足が想定されており、環境への配慮も必要です。また、業界全体で生産性を高めるために、プロセスの電子化を進めていく必要があります。

深刻な人材不足

　今後、少子高齢化や労働力の減少による人材不足が深刻な課題となります。航空貨物輸送業界においても、特に空港のハンドリングに携わる勤務者の確保が難しくなることが懸念されており、デジタルトランスフォーメーション（DX）を推進し、省人化を図ることが急務となっています。具体的には、AIやロボティクス、画像認証や自動搬送の技術を活用した自動化システムの導入や、データ分析による業務効率化などが挙げられます。DX化による業務効率化とコスト削減は、航空貨物輸送業界の持続可能な成長に不可欠な要素です。

図20-1　人材不足解消のためにDX化は不可欠

電子化の推進

　航空貨物業界では、デジタル化（DX化）を進めていますが、依然として電話や紙でのやり取りも残っており、業務効率化の妨げとなっています。IATA（国際航空運送協会）は、航空会社やフォワーダーなど、業界のさまざまな関係者が参加する共同の取り組みとして、「e-Freight」と呼ばれる航空貨物輸送における書類の電子化を進めています。さらに、「ONE Record」という業界標準のデータ共有プラットフォームの構築も検討しており、将来的にはリアルタイムでの情報共有を目指しています。

環境への影響

　航空貨物輸送における環境への配慮は重要な課題です。旅客機や貨物機の運航は、大量の二酸化炭素を排出し、地球温暖化の一因となっています。省燃費機材への更新やSAF活用によるCO_2排出量削減に加え、排出権取引や新技術を活用して脱炭素を推進しています。またハンドリングでもリサイクル可能な資材の使用や廃棄物削減を進めていて、例えばプラスチック削減については、環境配慮素材を使用した運送補助資材の導入推進などを進めています。

医薬品や食品といった生活必需品などを航空貨物として輸送する際に、荷崩れや貨物の水漏れ防止のためポリエチレンシートを使用しています。こうしたプラスチック資材を新規石油由来の原料を低減した製品へ切り替えを進めています。

LESSON 21

JALの貨物戦略

貨物事業は航空会社にとって旅客事業に次ぐ重要な事業であり、旅客依存のリスクを軽減します。コロナ禍で旅客需要が急減する中、JALグループの経営を支えました。今後も貨物事業の成長を積極的に推進していきます。

フレイター事業の新規展開

JALは国際貨物において、一度事業から撤退をしていた自社貨物専用機（フレイター）の運航を2024年2月より再開しました。現在、ボーイング767型機フレイター3機により、中国、韓国、香港、台湾などの東アジアの主要空港と日本を結んでいます。また、旅客便ベリー、他社の機材やスペースも活用して、高まる国際エクスプレスや越境EC需要に対応していきます。国内貨物においては、2024年4月よりJALグループとヤマトグループが提携し、エアバスA321型機フレイター3機で、首都圏と北海道、九州、沖縄を結んでいます。地上輸送力の低下が懸念される中、輸送力の確保とサービス向上を目指し、持続的な物流ネットワークを構築します。

図21-1　自社の貨物専用機の運航を開始

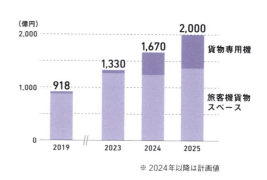

グラフ21-1　空港貨物の売上高の推移

※2024年以降は計画値

戦略品目の輸送

　JALグループでは航空輸送の利点を活かすことができ、日々の生活に不可欠、かつ成長性の高い貨物を「戦略品目」と定義して対応を強化しています。具体的には、医薬品や日本の地域産品／生鮮貨物、越境EC・宅配貨物、ケミカルなどがあります。品目ごとに最適な輸送形態とハンドリング特性に応じた輸送を提供し、特に医薬品はハンドリング施設への投資や品質強化に向けた取り組みを積極的に進めていきます。

グラフ 21-2
貨物輸送売上高の推移（2019年比）
※ 2024年以降は計画値

DX化の推進と職場環境の整備

　今後課題となる人材不足に対応するために、予約、販売、空港など、航空貨物に関わる全てのプロセスにおいて、積極的にデジタルトランスフォーメーション（DX）を推進し、業務プロセス改革を実施します。特に空港においては「スマートハンドリング」の実現によって職場環境を改善し、生産性とスタッフ満足度の向上を図ります。従来、男性社員がほとんどであった貨物部門でも、女性社員が増加しており、性別、国籍に関係なく多様なスタッフが働きやすい職場環境の整備も進められています。

図 21-2
スマートハンドリングによって職場環境を改善

CHAPTER 8　貨物事業

この章のまとめ

小テストはこちら

1 航空貨物輸送は、高速輸送と高い輸送品質・信頼性を有する輸送形態であり、高付加価値で緊急性の高い貨物を中心に、幅広い貨物輸送に利用されている。

2 航空貨物は、主に旅客便ベリーとフレイターにより輸送される。また、フォワーダーが航空会社と荷主の間を結んでいる。

3 航空貨物は、サプライチェーンの要として重要な役割を担っている。災害対応や地域活性化、物流の2024年問題など、幅広い社会課題の解決にも貢献している。

CHAPTER 9

業務

安全とリスクマネジメント

この章のゴール

年代ごとの安全性向上の取り組みを分析し、
安全管理システムと安全文化の概要を説明できる。

空港や機内などでの航空保安対策の概要を理解し、
その役割を説明できる。

航空会社のリスクとそのマネジメントの
枠組みを理解し、説明できる。

LESSON 22
航空安全

ライト兄弟が初めて飛行機で空を飛んでから100年以上が経ち、航空の安全性は大きく向上しました。これまでどのように安全性が高められてきたのか、今後の課題とともに学んでいきましょう。

民間航空の安全水準

ジェット旅客機による輸送は1950年代に始まりました。死亡事故率は、1970年ごろまでに大幅に減少し、その後も緩やかに減少しています。1990年ごろには100万フライトあたり1件未満となり、2000年代には0.5件未満に、そして2020年代には0.2件未満の水準となっています。

現在の高い安全性は、安全対策の進化と努力が積み重ねられた成果です。航空の安全性向上の取り組みは、主に四つの時代に分けられ、航空輸送の黎明期からの「技術的要因の時代」、1970年初頭からの「ヒューマンファクターズの時代」、1990年代中盤からの「組織要因の時代」、そして21世紀初頭からの「トータルシステムの時代」があります。それぞれの時代ごとに安全対策の重点がどのように変化してきたかが分かります。

図 22-1
安全性向上の取り組みの変遷

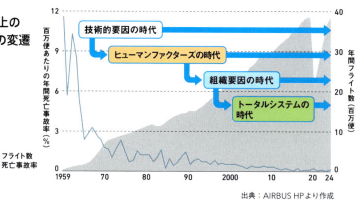

出典：AIRBUS HPより作成

死亡事故の発生率を100万便あたり0.2件とすると、毎日1回航空機に乗って、約1万4000年に1回の確率です。

技術的要因（航空輸送の黎明期〜）

　ジェット機の運航初期には、航空機の構造部材の疲労破壊による空中分解事故など、技術的な問題に起因する事故が多発していました。しかし、事故原因の調査を通じて技術的な欠陥が明らかになると、設計や製造方法の改善が進み、航空機システムも改良されました。その結果、航空機の信頼性は年々向上し、安全規制の強化も相まって、事故発生率は大幅に減少していきました。

イタリア エルバ島沖事故

　1954年1月10日、世界初の与圧客室を持つジェット旅客機「コメットG-ALYP」がローマを離陸し、地中海のエルバ島付近の高度約2万7000フィート（約8000メートル）に達した際、突然空中分解を起こし、搭乗者35名全員が死亡しました。当初は原因が特定できず、エルバ島沖で発見された散乱した機体の残骸を元の状態に戻す形で調査が進められました。この方法は、後に事故調査の基本手法となりました。

　原因が特定できないまま、2カ月後に運航が再開されましたが、わずか約2週間後に別のコメット機が同様の空中分解事故を起こし、コメット機は全面飛行禁止となりました。その後、実機の胴体を水槽に入れてくり返し与圧試験を行った結果、窓部分を起点とする金属疲労が原因と特定されました。この事故は、金属疲労が航空機の安全性に深刻な影響を与えることを世界に示し、以降の航空機設計において、重要な課題として対策が講じられる契機となりました。

図22-2 実機を水槽に入れてくり返し与圧試験を実施

ヒューマンファクターズ（1970年代初頭〜）

　航空機の設計、製造やシステムなどの技術的な改良により航空機が進化していく中で、運航乗務員が航空機の技術を十分に活用できないことによる事故が課題となりました。これを解決するために運航乗務員の技能向上を目的とした訓練が強化されていきました。航空機の運航を再現するシミュレーターが導入され、再現の精度が大きく向上したことにより、従来の実機を用いた訓練と比べ、安全かつ効果的に技能を磨くことが可能となりました。また、操縦室内の限られたリソースを活用し、チームで安全な運航をすることを目的としたCRM（Crew Resource Management）訓練が導入されました。運航乗務員の能力と限界（ヒューマンパフォーマンス）を考慮し、ヒューマンエラーを防ぐ取り組み（ヒューマンファクターズ）により、安全性はさらに向上しました。

図 22-3　最新のシミュレーター

SHELLモデル

　SHELL（シェル）モデルは人間を取り巻く要素とそれらとのインターフェースが、人間のパフォーマンスに与える影響を視覚的に示したものです。要素とのインターフェース関係が適切であればパフォーマンスが向上し、不適切であれば低下してヒューマンエラーを招く可能性があることを表しています。エラーを防ぐには、これらの要素とのインターフェースに着目して、点検・評価することが重要です。

図 22-4　SHELLモデル

L（中央）	Liveware	当事者、自分など
S	Software	規定、作業手順書など
H	Hardware	施設、設備、機材など
E	Environment	照明、騒音、気温、湿度など
L	Liveware	周りの人、相手、関係者など

テネリフェ事故 〜KLM機とパンナム機 滑走路上衝突事故〜

　1977年3月27日、テネリフェ島のロス・ロデオス空港で発生したボーイング747型機同士の衝突事故は、民間航空史上最多の死者を出した事故として知られています。KLM機が離陸のため滑走路に進入した際、パンナム機も管制官の指示により、KLM機に続き同じ滑走路を誘導路代わりに地上走行していました。当日は濃霧により両機の視界が遮られ、さらに通信の誤解が重なり、KLM機は離陸許可が出ていないにも関わらず、離陸を開始。滑走路上のパンナム機と衝突し、両機とも大破・炎上する事態となりました。この事故で583名が犠牲となり、その衝撃は世界中に広まりました。

　事故では、思い込みや乗務員間、乗務員と管制官とのコミュニケーション不足など、ヒューマンファクターズの問題が明らかになり、大きな教訓として認識されました。これを契機にヒューマンファクターズに基づく対策が進められるようになりました。

図22-5 ロス・ロデオス空港 事故概略図

管制官とパンナム機が同時に送信したため、「OK」以外の言葉は「ピー」という雑音になってKLM機には聞こえなかった。KLM機は、OKという言葉から、離陸を継続したと推測される。管制官は、KLM機が滑走路上でスタンバイしていると思っていた。

出典：国交省資料（https://www.mlit.go.jp/unyuanzen/jikokyoukun/jikokyoukun008.pdf）

CHAPTER 9 安全とリスクマネジメント

組織要因（1990年代中盤〜）

　下の図は、事故発生のシナリオをスイスチーズモデルで表しています。スイスチーズは安全対策（防護壁）、チーズの穴は安全対策の欠陥（脆弱な部分）を表しており、全ての穴が重なると事故に至るという考え方を示しています。航空では、リスクの大きさに応じて複数の安全対策が施されており、事故は単一の欠陥ではなく、複数の欠陥が連鎖することで発生するとされています。事故を防ぐためには、防護壁の状況を監視し、穴が小さいうちに塞ぐことが重要です。

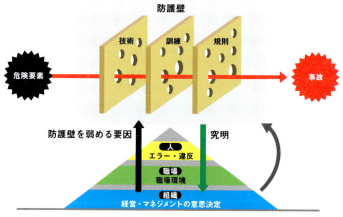

図22-6 事故発生のシナリオモデル

出典：ジェームス・リーズン博士のスイスチーズモデルより作成

組織の影響

　一般的に「技術」「訓練」「規則」といった防護壁を弱体化させる要因として「人」「職場」「組織」があります。「人」が技術を習得し、訓練を受けて規則を守って作業していても、時にヒューマンエラーが発生することがあり、ヒューマンエラーが発生した背景には、エラーを誘発する職場環境があり、さらにその環境を作りだす、経営・マネジメントの意思決定がある場合があります。組織・マネジメントの意思決定は、その組織の従業員の判断や行動に影響を与え、長い時間の中で誤った企業文化が形成されることがあります。誤った文化は防護壁を弱め、大事故につながるリスクを高めるため、組織・マネジメントの意思決定と、形成される企業文化には、特に注意を払う必要があります。

トータルシステム（21世紀初頭〜）

2000年に入り、多くの航空会社が安全管理システム（SMS）を導入したことで、航空の安全性はさらに向上しました。しかし、世界的に運航便数が増加し、空が過密化する中で安全性を高めるには、個人や組織単位での努力だけでは限界がありました。そのため、航空業界全体での連携が必要と認識されるようになりました。

実際に、管制官とパイロットといった異なる関係者間の情報共有や連携不足が要因となる事故やインシデント（事故につながりかねない事象）が発生した例もあります。こうした背景から、現代の航空安全管理では、国、管制機関、航空会社や空港管理者などを一体のシステムとして捉える「トータルシステム」のアプローチが重要視されています。この方法は、航空に関わるさまざまな関係者の連携を最適化し、全体としての安全性を向上させることを目指しています。

CHAPTER 9 安全とリスクマネジメント

表22-1 安全管理システム（SMS）

1 安全方針と目標（Safety Policy and Objectives）
組織全体で安全を最優先する方針を掲げ、明確な目標を設定する。
経営陣のコミットメントと責任を明確化する。

2 安全リスク管理（Safety Risk Management）
ハザード（危険要因）の特定とリスク評価を行う。
リスクに対する軽減策を講じ、安全な運用を維持する。

3 安全保証（Safety Assurance）
安全上のリスクが許容可能なレベルに管理・抑制されていることを確認する。
安全管理のプロセスや運用環境を継続的に監視する。

4 安全促進（Safety Promotion）
安全を推進するための訓練や教育を実施する。
全ての組織のあらゆるレベルにおいて、効果的な双方向のコミュニケーションを実施する。

POINT

SMSとは

SMS（Safety Management System）とは、組織が体系的に安全を管理するシステムのことです。安全方針と安全目標を定め、航空機の運航や整備に関わるリスクを管理しながら安全性を継続的に向上させることを目的としています。ICAO（国際民間航空機関）が全世界の航空業界に導入を義務付けており、国、管制機関、航空会社や空港管理者などで広く採用されています。SMSが機能すると、事故発生後に対応する「事後対応型」ではなく、事故の兆候を察知して対策を講じる「未然防止型」の安全管理に移行します。

安全文化の醸成

　安全文化（Safety Culture）とは、安全を最優先に考え、組織全体が共通の意識を持って行動する文化を指します。この概念は、1986年のチョルノービリ（チェルノブイリ）原子力発電所事故の調査を通じて見いだされたもので、技術的な対策だけでは不十分であり、組織の姿勢や行動、リーダーシップが安全維持に不可欠であることが明らかになりました。

　航空業界では、安全運航のための規則や手順が整備され、教育や訓練が実施されています。しかし、運航を取り巻く環境の変化により、既存の規則や手順だけでは対処できない場合もあります。組織は安心して報告できる環境を整え（公正な文化）、スタッフはわずかな異変や兆候を将来のリスクとして捉えて積極的に報告し（報告する文化）、組織は報告から学び（学習する文化）、適切に対処すること（柔軟な文化）で、安全文化が醸成されます。安全文化は、安全管理システム（SMS）の機能を最大限に引き出す鍵となります。

図22-7 安全文化がSMSの機能を最大限に引き出す

スタッフが積極的に報告しようとする文化に加えて、組織が学ぼうとする文化が特に重要です。

LESSON 23
航空保安

航空機や空港はこれまで幾度となくハイジャックやテロの標的とされてきました。これらの脅威を未然に防ぐ航空保安対策は、国際情勢に応じて絶えず強化されています。情報は機密保持が求められるため、その一部を紹介します。

CHAPTER 9 安全とリスクマネジメント

航空保安とは

　航空保安とは、ハイジャックやテロなど、民間航空機や空港施設への不法行為を未然に防ぎ、旅客、従業員、貨物、航空機を守り、航空輸送の安全を維持するための取り組みです。具体的には、国内外の航空当局や航空会社などが連携して、以下のような対策を行っています。

HINT　航空保安対策の例

- 搭乗前の旅客や手荷物に対する検査の実施
- 航空貨物などの航空機に搭載する物品に対する検査の実施
- 出発前の航空機の検査の実施
- 空港内の立ち入りを制限する区域の設定と警備
- 出発・到着地の治安に係る情報の収集

　　　　　　　　　　　　　　　　　　など

POINT　航空安全との違い

航空保安（Security）は意図的な違反行為への対策、航空安全（Safety）は意図しないエラーへの対策が主たる目的です。

LESSON 23 航空保安

近年では、紛争地域などの危険な空域の回避や、サイバー攻撃への対策、安全な運航を脅かす可能性のある旅客への対応など、航空保安対策の対象領域は拡大しています。航空保安は、国内外の政治や社会情勢の影響を強く受けるため、常に情報を収集・分析し、迅速に対策を講じていくことが重要です。

空港と機内の保安対策

空港では、航空機の出発前に旅客や手荷物だけでなく、搭載する貨物や機内食に対しても検査を行い、安全性を確認しています。また、空港内は常に警備下に置かれており、さらに許可された者以外の立ち入りを制限する区域を設けることで、不審者や不審物の発見時には警察などと連携して迅速に対処できる体制を整えています。

近年では、AIによるX線検査などの先進技術を活用した取り組みも世界的に進められています。また、検査の待ち時間を短縮する検査場（スマートレーン）や顔認識システムなどを導入し、航空保安の厳格性を維持しながら、旅客の利便性向上にも取り組んでいます。

図23-1 旅客と手荷物に対する保安検査

HINT 空港での保安検査の流れ

空港での保安検査は、搭乗券やパスポートによる本人確認から始まります。手荷物はX線検査装置によってスキャンされ、凶器類や爆発物など、機内への持ち込みが禁止されている危険物の有無を確認し、疑わしい場合は、手荷物を開披して詳細に検査します。搭乗者は金属探知器を通過し、反応があった場合は追加の身体検査が実施されます。

航空機内では、出発前の客室内などの検査の他、旅客の行動監視や操縦室の防御など、発生し得る不測の事態に備えて、乗務員は定期的に訓練を受けて知識や技量を維持しています。

このように、関係当局などと連携しながら、空港や機内などでの多層的な航空保安対策を講じることで、航空輸送の安心と安全をより強固なものとしています。

CHAPTER 9 安全とリスクマネジメント

スマートレーンとは

スマートレーンは、空港の保安検査場において効率的な検査を実現するために導入されています。複数のお客さまが同時に手荷物を預け、自動で搬送する機能を備えている他、高度なスキャナーの装備により、パソコンや液体物を手荷物から取り出すことなく検査が受けられ、保安検査場内の混雑を緩和して、待ち時間を大幅に短縮することができます。航空保安対策の厳格性を維持しつつ、より快適でストレスの少ない搭乗体験を提供できることから、国内の主要空港で導入が進んでいます。

図23-2 パソコンや液体物を入れたまま手荷物検査が可能

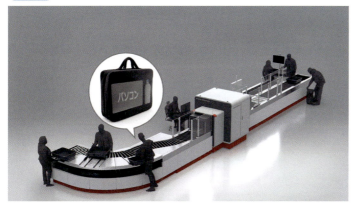

LESSON 23　航空保安

Voice

航路上の安全の確保

日本航空株式会社
グローバルセキュリティ部
(航空保安担当部門)

　日本は世界で最も安全な国のひとつと言われていますが、国際線の運航においては、通過する国・地域の空域や目的地の空港において、国内より厳しい地政学上のリスクが存在します。

　昨今では、ウクライナや中東地域での戦争、国家間の緊張が高まった空域での軍事演習や電波妨害など、民間航空機の運航に影響を及ぼし得るリスクが顕在化しており、常に他国の政府や航空会社などから情報を収集・評価して、リスクを未然に回避するための措置を講じています。

　一例として、日本=欧州間の路線では、ウクライナでの戦争が及ぼし得る影響を考慮して、従来の航路から大きく迂回した航路を選定して運航を続けています。

　もちろん、最短の航路で飛行することがお客さまにとっても経済性の点でも望ましいことですが、航空機の安全運航、お客さまの安心を最優先に確保できるよう国内外の航空関係者が連携して取り組んでいます。

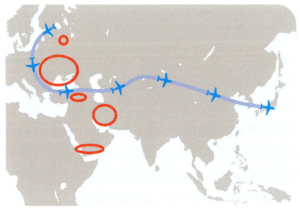

赤い囲みは民間航空機の運航にリスクがある地域のイメージ

LESSON 24
航空とリスクマネジメント

> 航空会社を取り巻くリスクは多岐にわたります。自然災害、感染症、経済危機、サイバー攻撃などは予測が難しく、事業継続に大きな影響を及ぼします。そのため、BCPを活用し、運航の維持と早期再開を目指します。

JALのリスクマネジメント

リスクマネジメントとは、将来発生する可能性のある損失やトラブルに備え、その発生確率や影響を最小限に抑える取り組みを指します。航空会社は、安全性、運航の安定性、財務、法規制、ブランドイメージなどのリスクを事前に特定・分析し、適切な対策を講じることで、持続可能な成長と信頼性の向上を目指しています。

JALでは、予防的なリスク管理を徹底するため、責任者が年2回リスク評価を行い、優先度の高いリスクを特定して対応策を講じています。このプロセスは、リスクを統括する専門組織による再評価を経て、さらにワークショップ形式のコントロール・セルフ・アセスメントで強化されます。また、必要に応じて専門的なリスクコンサルティングを導入し、対応の精度と効果を高めています。

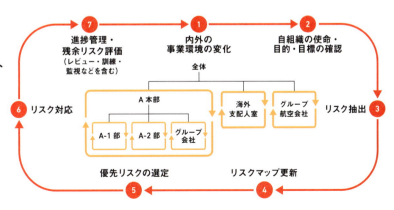

図24-1 JALのリスクマネジメントサイクル

航空会社を取り巻くリスク

航空会社を取り巻くリスクは多岐にわたり、安全運航や航空会社の経営に大きな影響を及ぼす可能性があるため、各リスクに対する適切な管理が求められます。

また、近年では、レピュテーションリスク（企業の評判悪化リスク）も航空会社の収益や社会的な信用に直接影響を与える課題として重視されています。これは、SNSの普及による情報拡散の迅速化や、環境問題や社会課題への意識の高まりが背景にあります。具体的な対策として、従業員教育を通じて倫理観や社会的責任を醸成すること、ESG（環境・社会・ガバナンス）経営を強化すること、安全とサービスの品質向上に取り組むことなどが挙げられます。これらの取り組みにより、航空会社はブランドイメージを守り、社会的な信頼性の向上を目指しています。

HINT　航空会社を取り巻くリスクの例

- 世界的な疫病やまん延拡大に関わるリスク
- 自然災害や気候変動に関わるリスク
- 国際情勢や経済動向などの外部経済環境に関わるリスク
- 航空機導入に関わるリスク
- 燃油価格や為替変動などの市場変動に関わるリスク
- 航空安全に関わるリスク
- 法的規制、環境規制、訴訟に関わるリスク
- IT（情報システム）、顧客情報の取り扱いに関わるリスク
- 人材や労務に関わるリスク
- SNSなどによる企業の評判が悪化するリスク

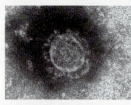

出典：国立感染症研究所ホームページ

危機管理と事業継続計画

　事業継続計画（BCP: Business Continuity Plan）とは、企業が災害や緊急事態に直面した際、重要な業務を中断せずに事業を継続し、早期復旧と損害の最小化を図る対応計画のことです。企業は未知の感染症、自然災害、システム障害など、さまざまな脅威にさらされており、BCPはこれらのリスクに対応し、事業の継続性を確保するために不可欠です。

　BCPでは、企業の中核となる事業を特定し、限られたリソースの投入先を明確にすることが重要です。また、事業再開までの目標時間やサービス提供の許容限界（完全復旧までに最低限維持すべきサービスレベル）を事前に設定することで、混乱を最小限に抑えつつ、早期の事業再開を目指します。航空業界は、安全性と定時性が求められると同時に、社会インフラとしての役割も担っています。そのため、BCPの策定をはじめ、緊急時でも柔軟かつ安定した運航を維持するための対策が進められています。

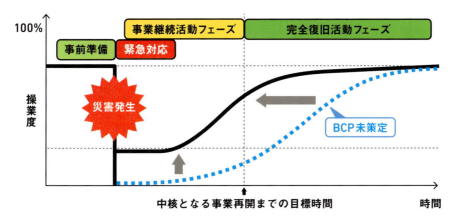

図24-2　BCP発動の流れ

この章のまとめ

小テストはこちら

1 航空安全対策は、技術的な面やヒューマンファクターズの他、組織全体や産業レベルでの体系的な取り組みが求められる。

2 航空輸送への脅威は多様化しており、国際機関、各国政府や航空会社が連携して、常に時勢に応じた対策を講じている。

3 航空会社は常に多様なリスクを抱えているため、危機管理体制の整備や BCP の策定を通して、予測不能な事態に備えている。

CHAPTER 10

業務

運航乗務員

この章のゴール

運航乗務員の責任と役割、
具体的な業務の流れを理解する。

運航乗務員のキャリアパスと
業務に必要な能力について理解する。

安全運航のための運航乗務員の
安全への取り組みについて理解する。

LESSON 25
運航乗務員の役割と責任

運航乗務員は、安全を最優先に航空機を操縦し、目的地までお客さまや貨物を運ぶ役割を担います。そのために多岐にわたる職務を分担して遂行します。ここでは、その役割と責任について学びましょう。

運航乗務員の仕事

運航乗務員は、航空機の安全かつ効率的な運航を担う専門職であり、飛行のあらゆる段階において、監督、意思決定に関わります。主に2名の操縦者を必要とする航空機の乗務員であり、機長資格者と副操縦士資格者で構成されています。主な役割は、音速に近い速度で飛行する航空機を操縦し、想定外の気象変化や困難な状況が生じた場合でも、お客さまや貨物を目的地まで安全に届けることです。安全を最優先としたうえで、定時性、経済性、快適性、環境への配慮、運航効率などにも細心の注意を払います。また、機内アナウンスや操縦技術を通じて、お客さまに安心と信頼を提供できるように努めています。

図 25-1 航空機の安全かつ効率的な運航を担う運航乗務員

運航乗務員は、積乱雲の発生など、想定外の気象変化や困難な状況に対して、安全を最優先して対応します。

運航乗務員の資格と役割分担

運航乗務員がチームとして機能するためには、それぞれの役割を正確に理解することが重要です。例えば「機長」「Captain」「Pilot In Command(PIC)」や「副操縦士」「First Officer」「Co Pilot」などが混同されることがあります。しかし、これらの用語には違いがあります。日本語の「機長」や「副操縦士」は複数の意味を持つため、英語で説明するほうが明確です。

図 25-2 運航乗務員の役割分担

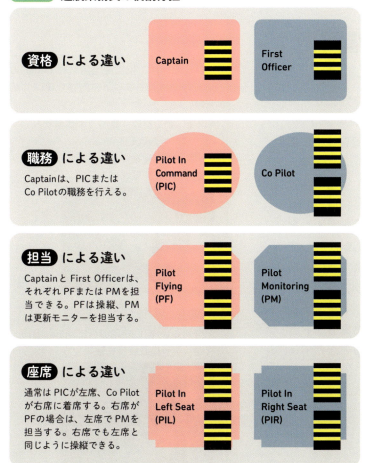

資格による違い
Captain / First Officer

職務による違い
Captainは、PICまたはCo Pilotの職務を行える。
Pilot In Command (PIC) / Co Pilot

担当による違い
CaptainとFirst Officerは、それぞれPFまたはPMを担当できる。PFは操縦、PMは更新モニターを担当する。
Pilot Flying (PF) / Pilot Monitoring (PM)

座席による違い
通常はPICが左席、Co Pilotが右席に着席する。右席がPFの場合は、左席でPMを担当する。右席でも左席と同じように操縦できる。
Pilot In Left Seat (PIL) / Pilot In Right Seat (PIR)

> **POINT**
> **機長と副操縦士**
>
> 制服の肩部分にある金色のラインは、4本が機長、3本が副操縦士であることを示しています。機長の帽子には月桂樹の刺繍があるという違いもあります。
>
>

LESSON 26
運航乗務員の業務の流れ

運航乗務員の業務は、フライト前の入念な準備から始まります。安全で円滑な運航のため、情報を確認し、多くのスタッフと連携します。ここでは、国内線の業務の流れを追い、準備や判断の重要性を学びます。

ある日の羽田－福岡便

運航乗務員の1日は、飛行前準備から始まります。担当便の出発約1時間30分前に出社し、空港や航路の天候、整備状況、燃料量、お客さまや貨物の情報を確認します。50分前には航空機へ向かい、整備士と機体や燃料を確認。その後、客室乗務員と飛行中の揺れや保安情報を共有します。出発20分前にお客さまが搭乗を開始。全スタッフが連携して定刻出発を目指します。その後、管制塔の許可を得て離陸。飛行中は外部の監視や天候、管制指示に対応し、事前対策を行いながら運航します。

目的地到着時も安全第一を徹底し、お客さまと貨物を無事にお届けすることが使命です。

❶ 飛行前ブリーフィング　10:30

運航乗務員は、担当便出発の約1時間30分前に出社。主に以下の内容を確認し航空機に向かう。

- 出発／到着空港、航路上の気象状況
- 航空機の整備状況
- お客さま、貨物の情報
- 飛行高度、搭載燃料の決定

❷ 整備士と機体状況の確認　11:10

出発約50分前に使用機材に到着。機体の整備状況や搭載燃料を確認する。

❸ 客室乗務員とのブリーフィング　11:20

主に以下の内容を確認する。
- 飛行中の揺れの情報
- お客さまの情報
- 保安関連情報

❹ お客さまの搭乗時刻　11:40

出発約20分前（国際線は30分前）にお客さまが搭乗を開始。定刻出発を目指す。

❺ 出発・離陸　12:00

整備士やグランドハンドリングのスタッフがお見送り。離陸の準備完了後に管制塔から離陸許可を得て離陸する。

機体重量にもよりますが、離陸速度は時速200〜250kmとなります。

CHAPTER 10　運航乗務員

LESSON 26　運航乗務員の業務の流れ

❻ **飛行中・着陸前**
外部監視による飛行の安全をモニターしながら、航路上や目的地の天候の変化や管制指示、航空機の状況を常に把握し、予想される事象についての作戦会議を行う。

❼ **着陸**　14:05
お客さまの安全を第一に目的地の空港に着陸。

Voice

運航品質の8割は準備で決まる

787運航乗員部　副操縦士　兼
日本航空株式会社　運航企画部
リソース戦略グループ
安井 清浩

　私たち運航乗務員の仕事（フライト）の8割は「準備」で決まると言われています。その準備は、フライト前日から始まり、空港の特徴や予想される気象状態などから想像力を働かせ、規定の見直しや経験則を踏まえて計画を立てます。
　フライト中は予想外の事態や変化する状況に対応し、チームで力を合わせて安全運航はもちろん、快適性や定時性を確保します。
　イメージに近いフライト、チームとして良いフライトができたときの達成感は格別です。イメージとは異なる出来事があっても、振り返りを行い、次回の改善につなげます。これを積み重ねることで、高い運航品質を維持しています。

LESSON 27
運航乗務員のキャリア

運航乗務員になるためにはどのようなルートがあり、入社後はどのようにステップアップしていくのでしょうか？ここでは、運航乗務員のキャリアパスと求められる能力について紹介します。

CHAPTER 10 運航乗務員

運航乗務員になるには

運航乗務員になるためには複数のルートがあり、各人の状況に応じた選択が可能です。いずれの方法でも、高い技術力と安全性への意識が求められます。

自社養成
専門の知識やライセンスを所持していない大学生や大学院生、既卒者が航空会社に入社し、入社後にパイロットライセンスを取得する。

私立大学の操縦学科
操縦学科のある私立大学に進学し、必要なライセンスを取得して航空会社に入社する。

航空大学校
大学で2年以上を修了し、所定の単位を取得後に航空大学校に入学してライセンスを取得し、その後航空会社に入社する。

飛行訓練学校
日本または海外の飛行訓練学校でライセンスを取得し、その後航空会社に入社する。海外でライセンスを取得した場合は日本のライセンスへの書き換えが必要。

運航乗務員のキャリアパス

　航空会社に入社後、お客さまとの接点である空港カウンター業務をはじめ、間接部門、整備関連業務などの地上で運航を支える仕事を学びながら、エアライン・ビジネスの基礎を身に付けます。地上業務の実習を終えると、グループに分かれて、海外での基礎訓練教育（自社養成制度）、飛行訓練装置での訓練、実機OJTによる実用機訓練課程を経て副操縦士に昇格します。副操縦士に昇格後は、それぞれの航空会社のキャリアパスにより機長昇格を目指します。機長昇格後は、訓練教官や組織管理職などの後輩育成や会社の運営における活躍の機会もあります。

図 27-1　JALの運航乗務員のキャリアパス

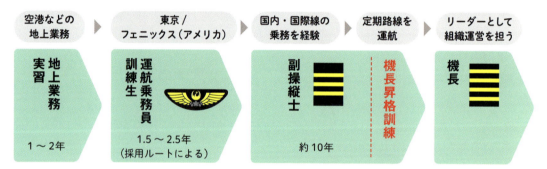

機長になるには、地上勤務実習から始めて、9～14年の経験を積み、機長昇格訓練を受ける必要があります。

運航乗務員に必要な能力

運航乗務員は運航の安全を確保し、業務を円滑に遂行するために以下の三つのマネジメント能力を発揮する必要があります。

1 チームマネジメント

旅客・整備・客室・航務など、各セクションを現場でまとめるリーダーシップを発揮し、チーム全体を統率する能力

2 セーフティマネジメント

フライト中に起こり得る脅威を事前に予測し、適切な対策を講じることで安全性を追求する能力

3 クオリティマネジメント

高度、経路、速度などを状況に応じて最適化し、定時性、快適性、運航効率を最大限に追求する能力

LESSON 28
安全への取り組み

航空機の運航には、適切なリスク対応と安全確保が求められます。ここでは、TEM（Threat and Error Management）を基に、運航乗務員がリスクを特定し、対策を講じながらチームで安全運航を維持する取り組みを学びます。

運航乗務員の安全とリスク管理

技術の進歩により、航空機の事故事例は大幅に減少しましたが、事故率が0％にならない理由の一つに「ヒューマンファクターズ」（人的要因）が挙げられます。人的要因に関する事象は完全にはなくならないと言われています。これを説明するには、SHELLモデルを用いると分かりやすいでしょう。運航乗務員が航空機を運航する際、周囲には常に四つの要素が存在しています。

HINT 運航乗務員の周囲に存在する四つの要素（SHELLモデル）

1 Software
運航に関わるマニュアル類や社内規定、各種情報など

2 Hardware
航空機自体の他、計器類やスイッチの形状などの要素

3 Environment
気象条件、空港周辺の障害物、タイムプレッシャーなどの環境的要素

4 Liveware
客室乗務員や整備士、管制官などの運航に直接関わる人々、コックピット内での人間関係

これらの要素には常に運航の脅威（Threat）が存在しており、運航の安全性に影響を及ぼす可能性もあります。Threatが要因となり、パイロットとその周辺の環境との間で不調和が生じると、パイロットがエラー（Error）を起こす可能性が高くなります。Errorが発生しても直ちに事故につながるわけではありませんが、早い段階でThreatへの対策や、適切にErrorに対応することが重要です。運航乗務員は初期の段階から、最悪の事態に至らないように対応する能力を身に付ける訓練を受けています。安全運航を維持するためのこうした考え方を「TEM(Threat and Error Management)」（テム）と言います。

CHAPTER 10 運航乗務員

図 28-1
航空機の運航には常に
Threatが存在している

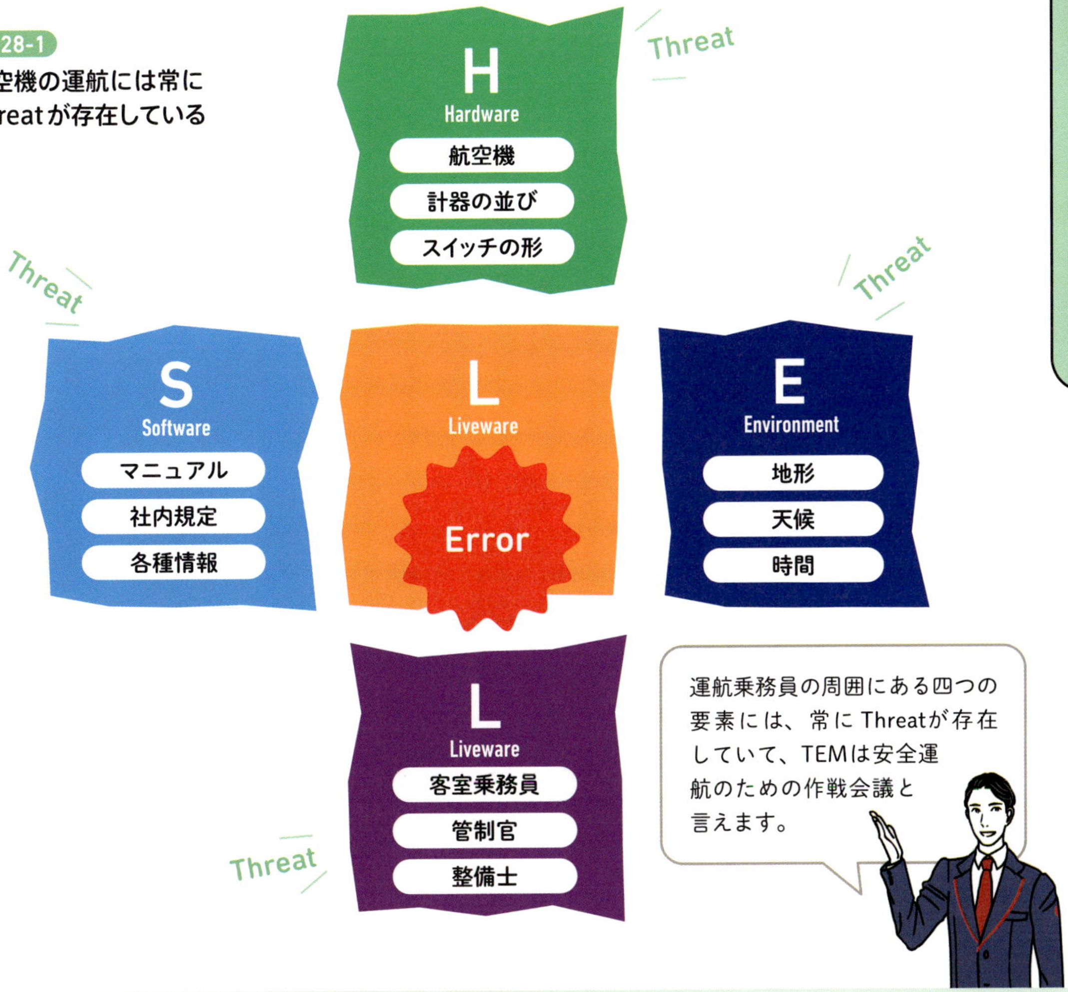

H Hardware
航空機
計器の並び
スイッチの形
Threat

S Software
マニュアル
社内規定
各種情報
Threat

L Liveware
Error

E Environment
地形
天候
時間
Threat

L Liveware
客室乗務員
管制官
整備士
Threat

運航乗務員の周囲にある四つの要素には、常にThreatが存在していて、TEMは安全運航のための作戦会議と言えます。

LESSON 28 安全への取り組み

TEMの重要性

　航空機は、車や電車のように一時停止して状況を確認することはできません。どんなに優れた対策があっても、燃料が尽きれば飛行を続けることは不可能です。そのため、想定外の事象が発生した場合でも、限られた時間内で適切な対応を講じる必要があり、運航乗務員には非常に大きなプレッシャーがかかります。だからこそ、脅威（Threat）やエラー（Error）を早期に発見し、適切な対策を迅速に実行することが求められます。

POINT ブラックスワンの理論

「起こり得ない」と思われていたことが突然現実になり、想像以上の衝撃が起こるという理論。想定外の事象が発生したときに、冷静さを失い、対応が難しくなることを意味します。タイムプレッシャーがかかる航空機の操縦において、大きな衝撃を未然に防ぐためのマネジメントが求められます。

表28-1 運航乗務員が日常運航で行うTEMの例

出発前ブリーフィング時	Threat	目的地の悪天候
	対抗策	●上空待機 ●着陸滑走路変更に備えた搭載燃料追加
	やり取りの例	「目的地は天気が良くないね」 「搭載燃料をプラス30分飛行できるよう追加しましょう」
客室乗務員との情報共有時	Threat	目的地の悪天候／満席のお客さまが搭乗予定
	対抗策	●ベルトサイン点灯時刻の共有 ●食事・飲み物サービスプランの変更 ●お客さまへの周知方法の確認など
	やり取りの例	「着陸30分前には座席ベルト着用サインを点灯しますので、それでサービス時間をプランしてください」
目的地降下前	Threat	目的地の悪天候による着陸やり直し、目的地変更などの可能性
	対抗策	●着陸やり直し ●目的地変更時の手順の確認 ●機内アナウンスによるお客さまとの情報共有 ●目的地変更に備えた地上連絡など
	やり取りの例	「着陸やり直しの場合は、○○のように飛行しますね。残燃料が○○になったら目的地変更の許可を取得しましょう」 機内アナウンス：「ご搭乗のお客さま、悪天候のため着陸できない場合は、目的地を○○に変更する予定です……」

MCC（Multi-Crew Cooperation）

　機長と副操縦士は、それぞれ航空機の運航に必要な認知力、判断力、対人スキルを備えています。しかし、2人で操縦する航空機のコックピットでは、効果的なTEMを発揮するために有効なコミュニケーションが欠かせません。個々の運航乗務員が持つ情報や疑問点、解決策、アイデアなどを共有して、コックピット内のチーム力を最大限に引き出すことで、タイムプレッシャーのかかるいかなる状況下でも安全運航を維持しています。このように、コミュニケーションを通じて高いチームパフォーマンスを維持していくことを「MCC（Multi-Crew Cooperation）」と言います。運航乗務員は常にMCCを意識し、それを機能させようと努めています。

図28-2
高いチームパフォーマンスを維持する「MCC」

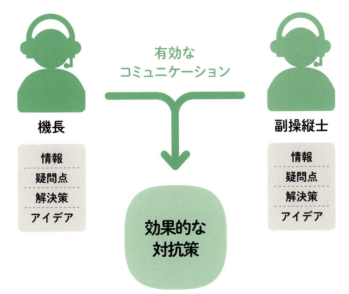

この章のまとめ

1. 運航乗務員はフライトの最終責任者であり、安全の確保を基本方針とし、定時性、快適性、環境に配慮しながら運航効率を高めていく役割を担っている。運航に関わる客室乗務員、整備士、旅客スタッフなどと緊密な情報共有を行っている。

2. 運航乗務員は操縦スキルの他に、チーム力や安全性、フライトの品質をマネジメントする力が必要である。

3. エラーを未然に防ぐには、MCC（Multi-Crew Cooperation）によるTEM（Threat and Error Management）の実践が不可欠である。

CHAPTER 11

業務

客室乗務員

―― この章のゴール ――

保安要員とサービス要員としての
二つの役割があることを理解する。

客室乗務員の歴史、保安要員とサービス要員としての
業務について理解する。

客室乗務員の日常業務の流れと
ホスピタリティの重要性を理解する。

LESSON 29
客室乗務員の役割

客室乗務員は、航空会社の中で最も長い時間お客さまと接する職種です。その多岐にわたる役割を通じて、お客さまの安心と快適さをどのように支えているのかを見ていきましょう。

客室乗務員に求められるもの

客室乗務員の仕事は、フライトの安全を守るプロフェッショナルとして、安全を最優先に確保しつつ、空の旅でお客さまに「安心」と「快適さ」を提供することです。一人一人のお客さまに寄り添い、心に残る特別な時間をお届けすることを目指しています。「安心」と「快適さ」の基盤となるのが、安全意識とホスピタリティマインドです。そして、それを支えるのが感知力、想像力、対応力、共感力、チームワーク、コミュニケーション力の六つの力です。これら六つの力が状況に応じてバランスよく発揮されることで、客室乗務員は「安心で快適な空の旅」を提供し、航空会社の信頼向上とブランド価値の強化に貢献します。

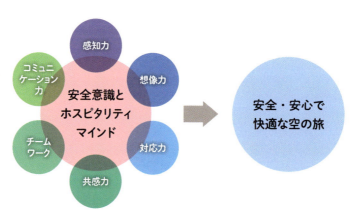

図 29-1
お客さまに「安心」と「快適さ」を提供する

表 29-1 お客さまの「安心」と「快適さ」のためにできること

求められる能力	お客さまの「安心」のためにできること	お客さまの「快適さ」のためにできること
感知力	機内の異常（煙・異臭・異常音）や体調不良のお客さまを早期に発見できる。	お客さまの小さな仕草や表情から言葉にされないご要望を察知する。
想像力	潜在的なリスクを想像し、事前に対策を講じることでトラブルを未然に防ぐ。	お客さまの言動やご要望の背景にある心情を理解し、より心地よく感じられるサービスを提案する。
対応力	緊急事態や予想外の出来事にも状況に応じて判断し、迅速かつ的確に対応する。	トラブルや個別のリクエストに柔軟に対応する。ご希望に添えない場合には代替案をご提案する。
共感力	お客さまの不安や緊張を理解し、適切なサポートを行う。	お客さまの気持ちに寄り添い、親身な対応をすることで信頼関係を築く。
チームワーク	それぞれの役割の確実な遂行とリーダーシップの発揮で迅速な緊急対応を行う。乗務員同士が協力し、安全管理を徹底することで、ミスを防ぎ安心を確保する。	乗務員同士が柔軟にサポートし合うことでお待たせ時間を短縮する。チーム全員でお客さまのニーズを共有して、一貫したサービスを提供する。
コミュニケーション力	緊急時に正確にかつ迅速に情報を伝え、適切な行動を促す。	笑顔やアイコンタクトを通してお客さまとの信頼関係を築く。お客さまのご要望を傾聴し、対話を通して問題解決や満足度向上を図る。

CHAPTER **11** 客室乗務員

客室乗務員の二つの役割

保安要員としての役割

　客室乗務員の役割として最も重要なのは、保安要員としての責務を果たすことです。例えば、お客さまのシートベルトの正しい着用や手荷物の収納状況を確認するなどの安全業務を行います。また、緊急事態が発生した際には、お客さまの命を守るために迅速かつ的確に行動します。

　そのために、客室乗務員は初期訓練や定期救難訓練、First Aid訓練などを通じて、安全や保安に関する知識と技量を身に付けています。これらの訓練に合格しなければ、客室乗務員として乗務することは認められません。

サービス要員としての役割

　サービス要員としての役割もあります。飲食物の提供、機内販売の実施などを通じて、お客さまに楽しい時間をお届けするとともに、快適に過ごせる環境を整えます。お客さま一人一人の心情やニーズに寄り添い、きめ細やかなサービスを提供することで、航空会社のブランド価値を高める役割も担っています。

図 29-2　保安要員・サービス要員としての役割

保安要員

「尊い命をお預かりし、安全に目的地までお運びする」
お客さまの安全と安心を守るため、
責任感と使命感を持って行動する

サービス要員

「お客さまにとって最高のサービスを創り上げる」
お客さまの様子を心で感じ、
期待を超えるサービスを提供する

LESSON 30
客室乗務員の業務

客室乗務員は、1930年代に看護師資格を持つ女性が健康管理を担う職業として始まりました。その後、時代の流れや航空機の進化に伴い、業務内容は多様化し、高度な専門性を求められる職業へと発展してきました。

CHAPTER 11 客室乗務員

図30-1 客室乗務員の歴史

1910年代
初期の商業航空旅行では「キャビンボーイ」や「スチュワード」と呼ばれる男性乗務員が荷物の取り扱いや食事の提供を担当した。

1930年
世界初の女性客室乗務員（エレン・チャーチ）が採用される。看護師資格が求められる。

1951年
日本航空設立。スチュワーデス1期生15名を採用。

1960年代
客室乗務員が航空会社の顔として注目される時代に。制服デザインのファッション性が重視される。

1980年代
国際化が進み、多国籍の乗客対応が求められる。

1990年代
日本の航空会社の海外基地の拡大が進む。現地の文化や言語に精通した乗務員が増え、国際線のサービス向上が図られる。

「スチュワーデス」から「フライトアテンダント」や「キャビンアテンダント」といった呼称へ変更された。

2010年代
日本でもLCCの本格普及が進み、客室乗務員の業務内容が多機能化した。

2020年代
新型コロナウイルスの影響で客室乗務員の衛生管理が厳格化。

LESSON 30　客室乗務員の業務

保安要員としての業務

　保安要員としての業務は、冷静な判断と迅速な対応が求められます。また、運航乗務員や他の客室乗務員とのチームワークが、安全確保において重要です。これらの業務は、日々の訓練で培われたスキルと知識によって支えられています。

保安要員の業務例

日常安全業務

航行中、予測できない大きな揺れ（タービュランス）に備えてシートベルトを常に締めておくようご案内します。

お客さまが大声で騒いだり暴れたりする場合は、お客さまの安全と機内秩序を維持する行動をとります。

急病人対応

急病人が発生した場合は、一時的な応急処置を行います。

緊急対応

機内で火災が発生した場合は、消火器などを使用し消火に努めます。

緊急事態発生時には、お客さまを迅速かつ安全に脱出させ、誘導します。

救難訓練

　客室乗務員は、入社時の初期訓練に加え、その後も年に1回の定期訓練を受けて審査に合格する必要があります。救難訓練は、座学と実技の両方で構成されています。座学では、テストを通じて最新の知識を確認します。実技では、実際の機内を再現したモックアップ施設で訓練を行い、状況に応じた判断力や、運航乗務員とのコミュニケーションなどに関する技量を確認し、対応力を養っています。

図 30-2　救難訓練の様子

機種ごとに緊急時のドア操作は異なります。乗務できる全ての機種で正確にドア操作ができるように訓練をします。

ドアトレーニング

陸上脱出の訓練

海上脱出の訓練

First Aid訓練

　客室乗務員は、First Aid訓練を通じて、急病人に対する応急処置の知識と手法を習得しています。初期訓練の修了後も、年に1回の定期訓練を受講し、技量を確認しています。この訓練では、医療従事者に引き継ぐまでの間に適切な処置を行うため、AED（自動体外式除細動器）を使用した心肺蘇生法や、過去の傷病事例を参考にしたケーススタディを実施します。

LESSON **30** 客室乗務員の業務

サービス要員としての業務

　客室乗務員はサービス要員として、お客さま一人一人に寄り添い、快適で特別な機内体験を提供します。コミュニケーション力を活かして、多様な文化やニーズに柔軟に対応し、お客さまのご要望に迅速かつ的確に応えることを目指しています。また、共感力を持ってお客さまの気持ちに寄り添い、期待を超えるサービスを提供します。さらに、チームワークを重視し、他の客室乗務員と緊密に連携することで、スムーズで効率的なサービスを提供しています。

サービス要員の業務例

お飲み物やお食事の提供

お飲み物やお食事のメニューの紹介や説明に加え、お客さま一人一人に合わせた提案を行うことで、サービスをより一層お楽しみいただけるよう工夫しています。

機内販売

商品の特徴を丁寧に説明し、お客さまのニーズや興味に合わせた提案を行うことで、機内でのお買い物をお楽しみいただいています。

快適性への配慮

お客さまがリラックスして快適に過ごせる環境を整えることにも細心の注意を払います。座席周りの快適性や化粧室の清潔さを保ったり、温度や照明の調整などを通じて、機内でおくつろぎいただけるよう努めます。

> **POINT　ローコストキャリア(LCC)の客室乗務員**
>
> LCCの客室乗務員も安全を確保する保安要員としての役割は共通しています。緊急時の対応や安全設備の点検など、安全関連の業務はどの航空会社でも最優先です。一方、サービス内容は異なります。快適で安心な時間を提供する姿勢に変わりはありませんが、LCCでは飲食物やブランケットなどが有料で提供されることが一般的です。

LESSON 31
客室乗務員の業務の流れ

客室乗務員の業務は、機内でのサービスだけでなく、お客さまには見えない準備や工夫など多岐にわたります。具体的な流れを通じて、客室乗務員がプロフェッショナルとしての役割をどのように果たしているのかを見ていきます。

フライト業務の流れ（JAL羽田－ニューヨーク線の場合）

　客室乗務員のフライト業務は、出発前ブリーフィングで安全手順やお客さま情報、サービスの流れを確認することから始まります。航空機に搭乗後、運航乗務員と緊急時の業務分担や飛行情報について打ち合わせを行い、安全に関する備品やサービス搭載品の確認を実施します。機内準備が整うと搭乗が開始され、お客さまをお迎えし、座席案内や必要なサポートを提供します。全員の搭乗後、安全ビデオの上映やシートベルトの確認など離陸前の準備を行い運航乗務員に報告します。

❶ 出発前ブリーフィング 9：20
客室乗務員は、担当便出発前に集合し、フライト準備、および以下の内容を確認して航空機に向かう。
- 安全手順の確認
- お客さま情報
- サービスの流れと役割分担
- 緊急時の対応手順

❷ 航空機に搭乗 9：50
客室乗務員が航空機に搭乗する。

※時刻は目安で、状況により異なる

CHAPTER 11 　客室乗務員

LESSON **31** 客室乗務員の業務の流れ

❸ **運航乗務員との
ブリーフィング** 10:00

運航乗務員と主に以下の点を確認する。

- 緊急時の業務分担
- 保安に関する情報
- 飛行時間、飛行ルート、揺れの情報など

❹ **飛行前点検** 10:10

各自の担当エリアの安全に関する備品やサービス用品をチェックする。

- 救命胴衣、消火器などの非常用機材の確認
- お食事やお飲み物、アメニティの搭載確認
- 客室や化粧室の清掃状況の確認

❺ **お客さまの搭乗
（ボーディング）** 10:35

機内の準備が整うと、ボーディングが開始される。客室乗務員は搭乗口付近で、お客さまをお迎えして以下のことを行う。

- 座席へのご案内
- 手伝いを希望されるお客さまや乳幼児を連れたお客さまなどへのサポート
- 不審者・不審物への目配り

❻ **離陸前準備** 10:55

全てのお客さまの搭乗後、出発前の離陸準備と安全確認を行う。機内全体の安全が確認できたら、運航乗務員に離陸前準備完了を報告して離陸に備える。

- 手荷物が適切に収納されているかを確認
- 安全ビデオの上映や必要に応じて安全デモンストレーションの実施
- 全てのお客さまのシートベルト着用確認

❼ 離陸後 12:00
お食事やお飲み物を提供する。提供のタイミングと温度には特に配慮する。

安全かつ安心なお食事の提供

お食事やお飲み物のサービスでは、提供のタイミングと温度に特に配慮しています。冷たいものは冷たく、温かいものは適温を保ったままお出しできるようにお食事の進み具合をこまめに確認しながら、最適なタイミングで提供し、お客さまに最高の状態でお召し上がりいただけるよう努めています。また、食品の温度管理をはじめとする衛生管理を徹底し、安全で安心なお食事を提供しています。食物アレルギーや宗教上・健康上の理由で特別なお食事をご希望のお客さまには、事前確認を徹底し、個々のニーズに応じた丁寧な対応を心がけます。機内食には、ベジタリアン、宗教上の理由による特別食、アレルギー対応、お子さま向けなど、20種類以上の特別食を準備しており、間違いなく提供するために、細心の注意を払ってサービスをしています。

図 31-1 **スペシャルミール（特別食）の例**

乳幼児向け

お子さま向け

アレルギー対応

宗教に配慮

ベジタリアン

健康に配慮

CHAPTER 11 客室乗務員

LESSON **31** 客室乗務員の業務の流れ

❽ **機内販売** 1:00

商品の特徴を分かりやすく案内し、お客さまのニーズに合わせて提案する。在庫管理や正確な支払い処理を徹底し、トラブル防止のため丁寧なコミュニケーションを心がける。

↓

❾ **快適な空間の提供**

快適な空間のための作業を行う。
- 客室内の清潔さの維持
- 化粧室の定期的な巡回、清掃や備品の補充
- 温度や照明の調整
- お客さまの様子に目配りをしながら客室を巡回

↓

❿ **交代で休憩** 3:00

専用の休憩スペースで仮眠を取り、その後の業務に備える。

↓

⓫ **2食目サービス** 7:00

お休みになっているお客さまも多いため、タイミング良くお食事を提供できるように配慮する。

↓

⓬ **着陸前準備** 8:30

着陸に備えて準備する。
- 機内販売の集計処理など
- 地上係員への引き継ぎが必要なお客さまの降機時期の確認
- 離陸前と同様の安全確認業務を実施

↓

⓭ **到着後** 10:00

航空機のドアが開いた後、地上係員と引継ぎ事項などの確認を行い、降機のご案内をする。全てのお客さまの降機後に忘れ物や機内に異常がないかを確認する。

※ニューヨークとの時差は冬時間で計算

POINT

LCCの独自の工夫

LCCでは、免税品だけでなく機内食やブランケットなども販売され、収益の重要な柱となっています。プロモーションや限定商品を活用した独自の工夫も特徴です。

Voice

安全とサービスの
プロフェッショナルとして

日本航空株式会社
客室教育訓練部
安全訓練グループ
チーフキャビンアテンダント
野口 絵実

　客室乗務員の仕事の魅力は、自分の興味や得意分野を活かし、成長できる点にあります。航空機には国や文化を超えたさまざまなお客さまが、多様な目的で搭乗されます。私たち客室乗務員の大きな役割は、お客さま一人一人に寄り添い、安全で快適な空間を提供することです。

　機内では日々多くの場面でお客さまと接し、観察力や対応力を磨く機会に恵まれます。また、共に働く仲間のバックグラウンドもさまざまです。先輩の洗練された所作に感動し、新人の新鮮な視点にはっとさせられ、海外基地（現地採用の客室乗務員が所属する拠点）の乗務員からは異文化ならではの刺激を受けます。私たちは互いに、自分を取り巻く環境から学び、さらに上を目指そうとする姿勢を大切にしており、その姿勢が心地よい空間を創り上げていると思います。これからも、安全とサービスのプロフェッショナルとして、さらなる高みを目指していきます。

CHAPTER 11　客室乗務員

この章のまとめ

1 客室乗務員は、安全を最優先に「安心」と「快適さ」を提供する。安全意識とホスピタリティを基盤に、感知力・対応力・共感力などを活かしてお客さまの心に残る空の旅を創ることが求められている。

2 客室乗務員は、お客さまを安全に目的地まで運ぶことを使命とする保安要員としての役割と、お客さまに最高のサービスを提供することを目指すサービス要員としての役割を担っている。

3 客室乗務員は、フライトに関わる一連の業務を、安全を最優先に考えながら、おもてなしの心を込めて実施することで、エアラインの信頼とブランド価値の向上に寄与することができる。

CHAPTER 12

業務

グランドスタッフ・オペレーション業務

この章のゴール

空港における旅客業務（接客業務）を把握し、
これからの空港のありかたを理解する。

航空会社の事業運営の中核を担う
オペレーション業務の役割と内容を理解する。

LESSON 32

グランドスタッフ

グランドスタッフは、航空会社の中で空港にいらっしゃるお客さまと最初に接する職種です。その幅広い役割を通して、グランドスタッフがどのようにお客さまの安心と快適さを支えているのかを見ていきましょう。

グランドスタッフの仕事

グランドスタッフは、空港での接客業務を担当し、航空機の安全かつ定時運航を支える重要な役割を果たしています。具体的には、搭乗手続きや搭乗案内、到着後のサポートなど、お客さまが空港を利用する全行程をスムーズに進めるための対応を行います。

空港における主な接客業務には、カウンター業務、トラフィック業務、ラウンジ業務（航空会社保有ラウンジ）、手荷物業務、デスク業務があります。また、外国の航空会社に対してこれらの役務を提供する「受託業務」もあります。

図 32-1
グランドスタッフの主な業務

カウンター業務

トラフィック業務

ラウンジ業務

手荷物業務

デスク業務

※ 業務の呼称は航空会社によって異なる

カウンター業務

カウンター業務は、空港における手続きの最初の接点として重要な役割を担っています。この業務には、顧客対応の基礎となるスキルが求められます。例えば、正確で分かりやすく案内する力、笑顔や丁寧な言葉遣いや気配りの姿勢などです。これらは航空会社の印象を左右する重要な要素でもあります。カウンタースタッフは「空港の顔」として、お客さまの旅の始まりをスムーズかつ快適なものにするサポートを提供しています。

❶ 搭乗手続き（チェックイン）

お客さまの予約情報や航空券の有効性を確認して、座席指定を行う。
- 要望に応じて搭乗券を発行
- 国際線では、渡航先の入国に必要な書類（パスポートやビザなど）の確認

❷ 手荷物の受託

預け入れ手荷物の安全性、重量、行き先を確認して、引換証をお客さまに渡す。
- 手荷物合符（Baggage Tag）の発行
- 搭乗クラスや会員ステイタス、手荷物の性質に応じて専用のタグを貼付
- 無料の範囲を超える場合は、超過料金を収受

❸ 航空券の発券（新規購入）・変更

航空券の新規購入時の発券や、日付や経路など購入済みの航空券を変更する。

CHAPTER 12 グランドスタッフ・オペレーション業務

❹ 特別なサポート

高齢者や妊娠中の方、お子さま連れの方などのお手伝いが必要なお客さまへのサポートを行う。
- 車いすのお手伝い
- 搭乗までの付き添い など

❺ イレギュラー対応

フライトの遅延や欠航が発生した際の対応を含む。代替便の手配やホテルの案内など、お客さまの不安を少しでも軽減できるようにサポートする。

空港手続きの自動化に伴うカウンター業務の変化

空港手続きの自動化が進む中で、カウンター業務は従来の手続き対応からサポートやイレギュラー対応へと役割が変化しています。スタッフにも新たなスキルや対応力が求められています。

● **自動化に伴うお客さまサポート**
自動チェックイン機や自動手荷物預け機の導入により、従来の手続きは減少し、端末操作のお手伝いが必要な方へのサポートが増加。

● **イレギュラーへの柔軟な対応**
機械では対処できない問題への対応力が必要。

● **高いコミュニケーション能力**
限られた対面接客の機会において、お客さまに安心感や満足感を与える高いホスピタリティが求められる。

> **POINT** 「安心のおもてなし」の提供
> ロビー担当者の働き方や役割は、従来の待機列の整理やカウンターへのご案内から、ロビーを回って、お困りのお客さまに自らアプローチして対応する形に変わりました。

トラフィック業務

トラフィック業務には大きく分けて出発ゲート業務と到着ゲート業務があり、航空機の安全な運航と定時性、お客さまへのサービスを支える重要な役割を担っています。

出発ゲートの業務

出発ゲート業務は、航空機を定刻通りにかつ安全に出発させるため、搭乗時刻や搭乗順、搭乗方法のご案内、特別な配慮が必要なお客さまへのサポートを行います。搭乗口での安全に関わる目配りやトラブル対応も含まれます。時間管理を徹底しながら、限られた接客機会において、お客さまに安心感と満足感を提供する役割を担っています。

❶ **客室乗務員への情報提供**
客室乗務員に必要な情報を伝え、フライトがスムーズに進むようにサポートする。
- お手伝いの必要なお客さま（車いすなど）の有無
- 気象情報
- フライトスケジュールの変更 など

↓

❷ **搭乗時刻と搭乗方法のご案内**
航空機へのご搭乗をスムーズに進めるために、搭乗開始時刻や搭乗順をアナウンスする。

↓

❸ **特別な対応が必要なお客さまへの対応**
車いすを利用される方、一人旅のお子さまなど、特別なケアが必要なお客さまには個別のサポートを提供する。

↓

CHAPTER 12 グランドスタッフ・オペレーション業務

LESSON 32　グランドスタッフ

❹ 搭乗口での観察業務
出発時刻を意識しつつ、お客さまの状況を確認する。例えば、泥酔や体調不良で安全に影響が出る可能性があると判断した場合には、搭乗をお断りする。

❺ 定時出発への配慮
定時出発を意識して、搭乗案内を円滑に進めつつ、電話や無線での指示に対応する。
- 搭乗者が遅れて到着した場合
- 特別な配慮が必要な状況

> **POINT　グランドスタッフが達成感を味わう瞬間**
> 定時で安全に出発ができた瞬間は、グランドスタッフにとって大きな達成感を得られます。航空機がプッシュバックされる際、グランドスタッフが一礼し手を振ると、パイロットが手を振り返してくれることもあります。この光景は「あとは任せた」という信頼関係を象徴しており、グランドスタッフにとって特別なひとときです。

空港手続きの自動化が進み、お客さまとカウンターでの接点が少なくなったため、搭乗口での目配りが重要な役割を果たします。

到着ゲートの業務

航空機の到着時、グランドスタッフは到着便のゲートで待機し、お客さまがスムーズに降機できるようサポートします。具体的には、到着ゲートの準備や案内掲示の設定、乗り継ぎの説明などを行います。また、車いす利用者や特別な支援が必要なお客さまには、到着ロビーまでの手続き（入国審査や手荷物受け取り）や移動が円滑に進むよう個別にサポートをします。

図 32-2　到着ロビーまでの移動をサポート

ラウンジ業務

ラウンジ業務は、出発までの時間を航空会社が保有する空港ラウンジで過ごされるお客さまに快適で質の高いサービスを提供する役割を担っています。ラウンジに入室する際の入室資格の確認、軽食や飲み物の適切な補充、出発時刻や搭乗口の変更などの案内が含まれます。遅延時にはお客さまの質問に対応し、代替案を提案するなどのサポートも行います。さらに、ラウンジ内の清掃や設備チェックを定期的に実施し、特にトイレなどの利用頻度の高い設備は常に清潔に保ちます。

図32-3 快適で質の高いサービスを提供

手荷物業務

到着後、お客さまがスムーズに受託手荷物を受け取れるようサポートします。特にファーストクラスや優先返却対象の手荷物は早く出せるよう工夫されており、ターンテーブル上でお客さまが受け取りやすいようにも配慮します。万が一、手荷物の紛失や破損があった場合は、必要な情報を収集し、未着手荷物の捜索や書類作成、破損手荷物の修理や補償の案内を提供します。さらに、機内での忘れ物の捜索なども担当します。

図32-4 手荷物受け取りをサポート

デスク業務

　デスク業務は、空港の旅客業務を円滑に進行させるため、関係各部門との調整や指示を総括的に行う重要な役割です。出発便や到着便に関する情報を一元管理し、カウンター業務やトラフィック業務の担当者に適切な指示を出して、全体の進行を管理します。例えば、遅延や欠航が生じた場合の代替便のお客さま対応指示や、それに伴うグランドスタッフ以外（整備・手荷物搭降載部門など）との調整を行います。

図32-5　出発・到着便の情報を一元管理

Voice

安全運航を支え、心を届ける仕事

株式会社JALスカイ九州
福岡空港本店空港オペレーション部
第3グループ　サブリーダー
秀島 百奈

　空港は国際性豊かで好奇心旺盛な人には大変魅力的な職場です。常に緊張感を持ち、安全運航を支える使命感には大きなやりがいを感じます。日々奮闘する中で「JALを選んでよかった」とお言葉をいただける瞬間は心からうれしく、グランドスタッフの魅力を感じます。

　近年、予約や発券のシステム化が進む中でも、「おもてなしの心」を込めたサービスは人にしかできません。私が特に意識しているのは表情と観察力。お客さま一人一人のニーズに応える接客を常に心掛けています。JALグループの一員として、「心を尽くす」ことを胸に、世界で最も選ばれ、愛される航空会社を目指し続けます。

LESSON
33
オペレーション業務

> 航空機の運航には地上からのサポートが不可欠です。日々の運航を安全で円滑に行い、欠航・ダイバート（代替着陸）時の影響を最小限に抑えるため、空港や関係当局と調整し、運航を支えるのが「オペレーション業務」です。

CHAPTER 12 グランドスタッフ・オペレーション業務

安全で効率的な運航を確保

　オペレーション業務とは、航空機の安全かつ効率的な運航を確保するために航空会社が行う業務全般を指します。具体的には、天候や空港の状況の確認、飛行計画の作成、飛行中の航空機のモニタリング、運航スケジュールの調整、航空機の整備状況の把握、さらに運航に関わるスタッフとの連携が含まれます。これらの業務は、運航の安全を最優先にしながら、定時性や快適性、環境配慮、運航効率の向上を実現することを目的としています。オペレーション業務は航空会社の事業運営において中核を担う重要な役割を果たしています。

図 33-1　事業運営の中核を担うオペレーション業務

- 定時性
- 快適性
- 環境配慮
- 運航効率

> オペレーション業務は、航空機の運航に関わる業務の総称です。安全の確保を大前提として「定時性」「快適性」「環境配慮」「運航効率」の最大化を目指します。

オペレーションコントロール

　航空会社には、オペレーション業務を統括する組織が整備されることがあります。名称は航空会社によって異なりますが、一般的にOCC（Operation Control Center）やIOC（International Operation Control）と呼ばれます。JAL本社内にあるIOCでは、運航に関わる保安・リスクマネジメント、運航管理、スケジュール統制、機材運用・整備、乗員スケジュールの管理、空港および顧客サポートなどを担当しています。運航上のトラブルなどが発生した際は、整備・運航・客室部門と連携し、代替機材や乗務員の手配など、トラブルを最小にしながら、通常の運航を円滑に行えるようにサポートします。

図33-2　JALグループ全便の運航に関わるIOC

　JALのIOCは、ミッション・ディレクターの指揮の下、七つのセクションで構成されています。ミッション・ディレクターは、オペレーションの責任者として、オペレーション本部長に代わり、最終的な判断を行います。各セクションは社内を代表してIOCに集まり、イレギュラー発生時には迅速かつ正確な情報収集と判断ができるように密接に連携しています。

図33-3　ミッション・ディレクターの指揮する七つのセクション

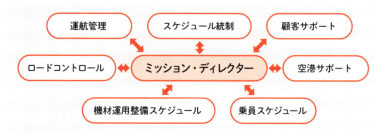

運航管理

運航管理は、運航前から到着までの飛行計画、管理、調整を行う航空会社の事業運営の基盤となる重要な業務です。運航管理者技能検定に合格した運航管理者を中心に「飛行計画の作成」と「飛行の監視」を主軸に実施されます。

飛行計画の作成

飛行計画の作成は、航空機を安全かつ効率的に目的地へ運航させるための重要なプロセスです。出発・到着空港の天気、航路上の気象情報、滑走路や空域閉鎖状況、航空機の性能や整備状況、旅客・貨物の重量などを把握して分析します。そのうえで、飛行航路、飛行高度、代替飛行場、搭載燃料などを決定します。

❶ 気象情報の確認
出発・到着空港や代替空港、航路上の気象情報を把握して飛行計画に反映させる（図33-4は飛行計画の作成時に利用する気象資料）。

❷ 航空情報の確認
世界中の航空当局が提供する情報を運航管理者や運航乗務員が確認して、運航への影響を確認する。
- 滑走路の閉鎖
- 航空灯火の消灯
- 空域の閉鎖 など

❸ 飛行ルートの選定
安全で可能な限り揺れが少なく、燃料消費を抑えて最短時間で到着できるルートを選定する。
- 天候情報、風向き・風速
- 航空管制の指示
- 他の航空機の運航状況 など

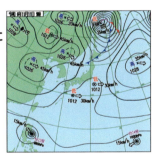

図33-4 飛行計画に利用する気象資料

❹ 代替飛行場の選定

悪天候や緊急事態などの理由から目的地に着陸できない状況に備えて、代替飛行場を決めておく。最適な飛行場を選定し、燃料計算にも反映させて安全性を確保する。

❺ 燃料計算

航空機が安全に目的地へ到達するために必要な燃料量を計算し、搭載する燃料を決定する。

- 予定された飛行ルート
- 機体の重量
- 天候条件
- 代替飛行場への燃料
  （目的地に着陸できない場合の迂回用）

❻ 飛行計画の作成・承認

運航管理者によって作成・承認された飛行計画を運航乗員へ配信する。機長は飛行計画を確認し、合意できる場合は承認する。合意ができない場合は運航管理者と協議を行い、より安全性の高い内容で合意して承認する。その後、機長は出発準備を行い、出発する。

図 33-5
航空情報の一覧と最低気象条件のチャート

図 33-6
飛行計画を承認して出発する

> **POINT** 運航管理者（通称：ディスパッチャー）
>
> 運航管理者になるには、1年以上の補助業務経験を経て、国家試験と社内資格審査に合格する必要があります。資格は2年ごとの定期審査で維持されます。機長は運航管理者の承認なしに出発や飛行計画の変更ができません。運航管理者は、フライト全体を総合的に管理し、安全かつ効率的な運航を支える重要な責任を負っています。

一つの便を出発させるためには、運航乗員と運航管理者の合意が必要です。

飛行の監視（フライトウォッチ）

運航管理者の重要な業務の一つに飛行監視があります。飛行中の便を常時監視し、空港や航路上の気象変化、航空情報、交通量などを把握して、機長を援助する役割です。なお、飛行中の便とのコミュニケーションには、無線通信（VHF/HF）、デジタルデータ通信（ACARS）、衛星電話（SATCOM）などが主に用いられます。

図33-7
飛行中の便とのコミュニケーション

図33-8は運航管理者が監視している飛行監視画面の一例です。飛行中の航空機の位置や高度、残燃料、到着時刻を常時把握し、飛行計画通りに運航されているかを24時間リアルタイムで監視します。また、機材トラブルや急病人発生時には、適切なアドバイスを提供するなど、地上からさまざまな支援を行う体制が整えられています。

図33-8
CAE社 Flight Explorerシステムを用いて、24時間リアルタイムで飛行監視を実施

スケジュール統制

急な天候悪化や航空機の故障、滑走路の閉鎖、航行中の急病人の発生などの突発的な事態が発生して欠航や遅延が避けられない場合、お客さまへの影響を最小限に抑える取り組みが必要です。イレギュラー発生時は、出発時刻の変更案内、機内食の積み込み、燃料補給、代替機の手配など、さまざまな業務が必要となり、これらの業務を担当するセクションを一括してコントロールすることを「スケジュール統制」と呼びます。

安全を基盤として最適に対応するため、出発便のスケジュール調整や機材変更、欠航の決定などが含まれます。

LESSON 33 オペレーション業務

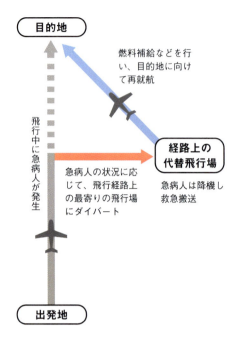

図33-9 急病人発生時の運航の調整対応

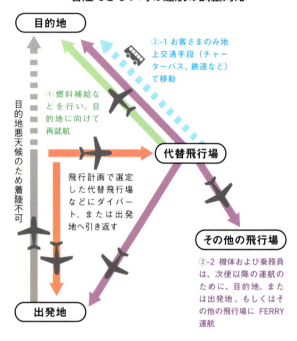

図33-10 悪天候などで目的地に着陸できない時の運航の調整対応

スケジュール統制による対応例

　機材トラブルによる遅延が予想される場合、まず、整備部門が機体を修理して出発を目指しますが、安全確認に時間がかかる場合は機材の変更も考慮されます。各セクションのスタッフが連携して迅速に対応し、機材の変更時には座席配置（コンフィグレーション）を確認し、全てのお客さまが搭乗可能か、ファーストクラスやビジネスクラスのお客さまが同じクラスに搭乗できるかなどを確認します。

 HINT 遅延時に検討される要素の例

代替機の有無
その機種と路線の免許を持つパイロットの確保
客室乗務員の手配
代替機の定期点検における制限飛行時間の超過有無（整備計画への影響）
空港の運用時間内における着陸の可否
乗り継ぎ予定のお客さまへの対応
座席配置が変わる場合の対応
機内食の再手配

ロードコントロール

ロードコントロールは、安全に飛行できるように、機体の重量や重心位置を計算・管理し、それに基づいて貨物や手荷物の搭載方法を指示する重要な役割です。荷物や燃料、お客さまの位置まで考慮して安全な運航を支えます。ロードコントロールには主に貨物の搭載指示書（LOADING INSTRUCTION）とWeight & Balance Manifest（LOAD SHEET）の作成という二つの重要な業務があります。

搭載指示書（LOADING INSTRUCTION）

搭載指示書は名前の通り、お客さまの手荷物や貨物・郵便物が入ったコンテナを貨物室のどこに載せるかを決め、その指示を搭載担当者へ伝えるための書類です。

図 33-11
機体の重量や重心位置を計算・管理して指示する

ロードコントローラー

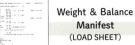
搭載指示書（LOADING INSTRUCTION）

積載担当者

Weight & Balance Manifest（LOAD SHEET）

運航乗務員

Weight & Balance Manifest（LOAD SHEET）

Weight & Balance Manifestには、航空機の重量の他、お客さまの人数、搭載貨物の重さや配置場所などが詳細に記載されており、最終的な航空機の重心の位置や総重量が正確に計算されています。航空法や航空会社の規程にも、出発前に機長がWeight & Balance Manifestを確認することが義務付けられており、機長が離陸に必要な滑走路の長さや、飛行可能な高度の上限を計算する際の重要な資料となります。

CHAPTER 12 グランドスタッフ・オペレーション業務

この章のまとめ

小テストはこちら

1. グランドスタッフは、空港でのさまざまな業務を通じて、お客さまの快適でスムーズな旅を支える重要な役割を担っている。

2. グランドスタッフの働き方は、空港手続きの自動化に伴い、従来の手続き業務から、お客さま一人一人に寄り添ったサポート業務へと変化している。

3. 航空機のオペレーションは、一元的に管理された地上の運航管理業務のサポートがあって高い安全性と定時性を保つことができる。

4. イレギュラー発生時には、オペレーションに関わる各部門が機長や空港と連携し、迅速な対応を行い、影響を最小限に抑えることで、運航の安全性と信頼性を支えている。

CHAPTER 13

業務
航空機整備

この章のゴール

- 航空機整備の目的と概要を理解する。

- 航空整備士の役割と必要な資格、キャリアパスを理解する。

- 航空機整備における最新技術の活用と環境を配慮した取り組みを理解する。

LESSON 34
航空機整備の目的と概要

航空機整備は、安全運航を支える重要な役割を担っています。航空機とその部品の品質を維持・向上させて不具合を防止するために、どのような整備が日々行われているのかを見ていきましょう。

航空機整備の目的と種類

　航空機整備の目的は、安全を最優先に、定時性・快適性・経済性を確保することです。そのために、日々の整備作業を通して、航空機とその部品の機能と信頼性を維持・向上させています。航空機は大小あわせて数百万個もの部品で構成されていますが、その中のたった一つの部品でも不具合が発生すれば、安全運航は確保できません。だからこそ、整備は安全を根底から支える重要な役割を担っています。

　航空機整備は「機体整備」と「工場整備」の二つに大別されます。機体整備はさらに、飛行間の点検を行う「運航整備」と格納庫で定期整備を行う「点検整備」に、工場整備は、最も重要な装備品であるエンジンを扱う「エンジン整備」とエンジン以外の主要な装備品を扱う「装備品整備」に分類されます。

図 34-1　航空機整備の種類

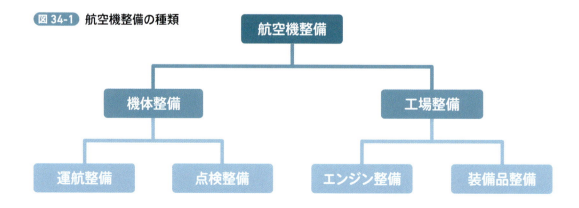

空港や格納庫で行う機体整備

運航整備

運航整備は、航空機が空港に到着してから出発するまでの間に行う整備です。機体外観の外部点検、タイヤ圧点検、潤滑油点検や、飛行中に発生した不具合の修復が含まれます。修復に時間がかかる場合には機材の変更を判断することもあります。

さらに、1〜2カ月ごとに行う「A整備」も運航整備に含まれます。エンジン、タイヤ、ブレーキ、動翼関係およびその収納部、胴体、コックピット、客室の状態を点検します。これらは通常、最終便が到着してから翌朝までの夜間にかけて行われます。

図 34-2 飛行間の外部点検

図 34-3 飛行間の座席点検

機体整備は、飛行間の点検を行う「運航整備」と格納庫で定期整備を行う「点検整備」に分けられます。

CHAPTER 13 航空機整備

点検整備

　点検整備は、航空機を格納庫に入れて行う整備です。運航整備よりもさらに細部まで点検し、必要な整備を行います。整備内容は飛行時間に応じて異なります。例えば、1～2年ごとに約10日かけて行う「C整備」では、機体各部のパネルを取り外し、機体システムの確認を中心に、装備品の点検、不具合の修復などを行います。また、5～6年ごとに約1カ月かけて行う「M整備」には、機体構造を中心とした詳細な点検や部品交換などが含まれます。この機会を利用して機体の再塗装を実施することもあります。

表 34-1　定期整備の主な種類

種類	タイミング	作業時間	作業内容
A整備	1～2カ月ごと	半日～1日	エンジン、タイヤ、ブレーキなどを中心とした点検、潤滑油の点検
C整備	1～2年ごと	約10日	機体各部の点検パネルを外した後に、機体構造、配管、配線、エンジン、着陸装置などの細部点検、不具合修復
M整備	5～6年ごと	約1カ月	機体構造や各システム系統の徹底した点検、部品交換

図 34-4　客室内の配線の取り付け

図 34-5　動翼の点検

図34-6 格納庫での整備の様子

航空機を格納庫に入れて行う点検整備は、運航整備よりもさらに細部まで点検し、必要な整備が行われます。

装備品を取り外して専用工場で行う工場整備

エンジン整備

　エンジン整備は、機体から取り外したエンジンを対象に検査や修理を行います。専用の工場に搬入されたエンジンは、分解、洗浄、検査、修理、組み立て、試運転といった工程を経て、不具合を修復して品質を向上させ、性能を回復させます。この整備は、飛行中に故障の予兆が見つかった場合に限らず、飛行時間に応じた定期整備としても実施されています。

図34-7 内部ボルトの取り付け

図34-8 外装の点検

装備品整備

　装備品整備は、機体から取り外した装備品の検査や修理を行います。対象となる装備品には、ランディングギア、ブレーキ、動翼、油圧装置、無線機、発電機、コンピューターなど、多種多様です。エンジン整備と同様に、故障の予兆が確認された場合だけでなく、一定の飛行時間ごとに予防的に整備が実施されます。

図 34-9　油圧装置の動作テスト

図 34-10　ランディングギアの整備

図 34-11　動翼の例

POINT
動翼とは
空力的に機体を制御するために、航空機の翼の一部に取り付けられた可動装置のことです。

出典：東京航空計器公式サイト

LESSON 35
航空整備士のキャリア

航空整備士は、高い専門知識と技術を持ち、点検、整備、修理の実作業を通して航空機の品質・安全運航を支えています。その役割を学びながら、どのようなキャリアパスで専門性を高めているのかを見ていきましょう。

航空整備士の役割

　航空機の安全な運航には、高度な専門知識と技術を持つ航空整備士の存在が不可欠です。航空整備士は強い責任感を持ちながら、航空機の品質維持に務めています。航空整備士の主な業務は、航空機が常に最良の状態で飛行できるように点検、整備、修理を行うことです。

　整備士は航空会社が定めるさまざまな社内資格や国が定める国家資格を取得します。担当する整備作業範囲は、技能や経験、そして資格に応じて決まっており、高度で複雑な作業は、特に高いスキルを持つ整備士が担当します。また、航空会社は定期的な訓練を通じて整備士の技能向上を図っています。整備士は、運航乗務員と同様に、資格取得後も厳しいチェック体制の下で業務を行っています。この二重・三重のチェック体制によって、お客さまと航空機の安全・安心が守られています。

図 35-1
出発を見送る
航空整備士

LESSON **35** 航空整備士のキャリア

整備士のキャリアパス

　JALでは、入社後に整備の基礎知識や技能を身に付けるための訓練を受けます。その後、実際の作業を通して経験を積みながら、社内資格である初級整備士、二級整備士、一級整備士を取得していきます。さ らに、その過程で、「一等航空整備士」や「航空工場整備士」などの国家資格を取得し、航空機や装備品の基準適合性を確認する「確認主任者」としてのキャリアを目指すことも可能です。

図 35-2 JALの整備士のキャリアパス

初級整備士

基礎技量を必要とする作業を実施できる。

作業例
▶ 部品の分解
▶ ボルトの締結
▶ パネルや配管の取り付け

STAGE 1

二級整備士

一般的な知識や技能を必要とする作業を実施できる。

作業例
▶ 部品の動作／リークチェック
▶ 主要部品の取り付け

国家資格の取得

● 一等航空整備士
● 航空工場整備士

STAGE 2

一級整備士

高度な知識や技能を必要とする作業を実施できる。

作業例
▶ システムの動作／リークチェック
▶ 重要部品の取り付け

確認主任者

● ライン確認主任者
● 機体確認主任者
● 装備品確認主任者
　飛行日誌や航空機・装備品の整備の最終確認に関する公的書類にサインできる。

STAGE 3

LESSON 36
新技術による整備の変革

安全運航を支えるため、航空機整備にもビッグデータ分析やAI技術といった新技術の活用が進んでいます。エンジンの故障予測技術やベテラン整備士のノウハウを継承する取り組みなど、最新の動向を見てみましょう。

CHAPTER 13 航空機整備

予測整備 ～ビッグデータ分析による故障予測～

　航空機に発生する不具合を未然に防ぐために、整備士は機体の状況を多角的にモニターし、予防整備を実施しています。近年では、運航中に取得されるセンサーデータの活用が進んでいます。

　運航時のエンジンの回転数や機内圧力などのデータが、機体に取り付けられたセンサーによって秒単位で取得・記録されており、これらの大量のデータと過去の整備記録を統合的に分析することで、不具合発生時のデータの特徴を把握できます。その結果、現在運航中の機体で同様の特徴があれば、不具合の発生を予測可能です。さらに、過去のデータを分析することで、ブレーキなどフライトごとに摩耗する部品の摩耗量を予測し、適切な在庫管理にも役立てられています。

図36-1 故障予測分析のイメージ

センサーデータを活用することで、機体や部品の状態をより的確に把握し、必要な予防整備を適切なタイミングで実施できます。

AI画像診断技術を活用した故障予測

　長年の経験に基づく航空機整備の知見やノウハウと、医療分野で培われたAI技術を融合させたエンジンの故障予測技術の開発も進められています。

　エンジンの内部には数百枚のタービンブレードが存在しており、内視鏡を使用して1枚ずつ検査をしていますが、故障リスクを見極めるには、整備士としての長年の経験と技術が必要です。そこで、エンジン整備の知見とAIの画像認識技術、機械学習を組み合わせることで、タービンブレードの劣化や異常を自動で検出するツールの開発が進められています。

　さらに、検出ツールを活用することで、ベテラン整備士の知識や高度な内視鏡操作技術を若手整備士に効率的に伝えることに取り組み、技術継承も進んでいます。これにより、人と技術の双方から、航空機整備の質を持続的に高めることにもつながります。

図 36-2
AIを活用したエンジンの内視鏡検査

Voice

安全運航をデータとAIで支える

株式会社JALエンジニアリング
技術部システム技術室
信頼性管理グループ
大山 晃季

　航空機部品の故障予測に携わる仕事は、やりがいに満ちています。故障予測は、日々の安全運航を支える重要な役割を果たしています。この分野の魅力は、データサイエンスやAIといった最新技術を活用し、膨大なフライトデータから新たな価値を生み出せる点にあります。

　例えば、フライトデータに含まれるエンジンの動作状況や部品の温度・圧力データなどを解析し、部品の劣化や故障の兆候を早期発見することで、トラブルを未然に防ぐことができます。これにより、航空機のダウンタイムを減らして効率的な運航が実現できます。さらに、航空業界全体がこの分野に注目しており、グローバルな環境で異なる文化や専門知識を持つ人々と協力する機会も豊富です。

　技術的挑戦と社会貢献を両立できるこの仕事は、大きな可能性を秘めています。大量のデータから新たな価値を創造するワクワク感も魅力です。

CHAPTER 13　航空機整備

LESSON 37

環境配慮への取り組み

航空機の運航に伴う環境への負荷を減らす取り組みは、航空機整備においてもさまざまな技術を活用して進められています。CO_2 排出量削減に向けてどのような取り組みがあるか見ていきましょう。

機体外板へのリブレット施工

　航空機の燃費低減を目的とした新技術の活用例として、機体外板への「リブレット施工」が挙げられます。リブレットとは、水の抵抗が軽減するサメの皮膚の形状に着想を得た微細な溝で、機体表面に発生する空気抵抗を低減する技術です。

　機体の外板に設けられた 50μm（髪の毛の太さほどの幅）の溝が機体表面に発生する空気抵抗を低減し、燃料消費量の改善や CO_2 排出量の削減に寄与します。

図 37-1　航空機外板に施工したリブレットの拡大図

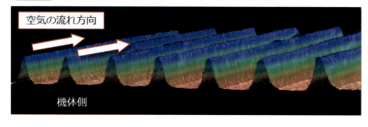
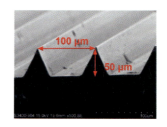

リブレット施工には高い精度が求められるため、設計通りの微細な形状を塗膜上に加工する熟練した職人技が必要になります。さらに、塗膜の仕上がりは、塗料の種類や作業時の気温・湿度など、さまざまな要因によって変化するため、塗料や塗装に関する豊富な知識と経験が不可欠です。

図 37-2 リブレット施工には熟練の職人技が必要

エンジンの泡洗浄

特殊な泡を用いたエンジン洗浄も新技術の活用例の一つです。航空会社では、定期的にエンジンを洗浄して、内部の汚れを取り除いて燃費の改善を図っています。従来の水の代わりに、加熱した特殊な泡状の洗浄剤をエンジン内部に注入することで、飛行中に吸い込んだちりやほこりの粒子を化学的に除去できます。泡洗浄は水洗浄と比べて燃料消費量を削減し、CO_2排出量の削減につながります。また、泡を使用することで水の使用量も節約でき、環境負荷の軽減にも寄与します。

図 37-3 泡状の洗浄剤でエンジン内部の汚れを除去する

この章のまとめ

小テストはこちら

1. 航空機整備は、日常の運航整備から大規模な定期整備まで、飛行時間や運航サイクルに基づいて計画的かつ多層的に実施され、安全運航を守っている。

2. 航空整備士は、社内資格に加え、国家資格を取得し、知識と技能を向上させながらキャリアを積んでいく。

3. 航空機整備では、新技術を活用して作業効率を高めるとともに、故障を未然に防止する予測整備が進められている。

4. 航空機整備分野でも、航空機の運航に伴う環境への負荷を減らすべく、さまざまな取り組みを行っている。

CHAPTER 14

将来展望

サステナブルな航空輸送に向けて

この章のゴール

- 航空業界における ESG 経営の重要性や、環境問題などへの対応について理解する。

- 日本の人口減少が航空業界に及ぼす影響とその対策について理解する。

- 操縦士や航空整備士、グランドハンドリングなどの空港人材が不足する現状を把握し、航空業界における取り組みを理解する。

LESSON 38
今後の課題とESG経営

従来、企業は利益追求を通じて経済成長に貢献し、利益を株主や社会に還元してきました。一方、社会や企業を取り巻く状況変化に伴い、企業も環境や社会課題に関心を持ち、事業を通じた課題解決の取り組みが求められています。

航空業界の持続可能な発展のために

社会全体の持続可能な成長の実現のためには脱炭素などの環境課題や少子高齢化・人口減少による地方の疲弊、人材不足などへの対応が求められます。そこで注目されるのが、環境・社会・ガバナンスの三つの要素から成り立つESG経営です。利益などの「経済的価値」を生み出しつつ、環境問題や社会課題を解決して「社会的価値」を創出する企業経営を指します。単なる利益追求だけでなく、顧客・従業員・地域社会・株主といったステークホルダー全体の価値向上を考える経営手法です。

図38-1　ESG経営の三つの要素

環境 (Environment)	社会 (Social)	ガバナンス (Governance)
温室効果ガス排出削減	労働環境の改善	法令遵守
使い捨てプラスチックの削減	多様性の推進	透明な経営構造
生物多様性の保全など	地域社会への貢献など	社外取締役の設置など

POINT　ESG経営の背景

投資家は経営戦略やサステナビリティへの取り組みなどの非財務情報も企業価値として重視することから、ESG経営の実践は資金調達力の強化につながります。特に多様性や地域貢献を重視する企業は、社会的責任を果たしていると評価され、社会や顧客、従業員からの支持を得やすくなります。

ESGとSDGsの関係性

　SDGsは、2015年に国連総会で採択された2030年までに達成すべき17の国際目標です。持続可能な世界を実現するための目標として「世界の全て」を対象としており、全世界の人々・国家・企業が取り組むべきものです。

　一方、ESG経営は企業が主体となり、長期的な成長を目的としています。両者の主な違いは、取り組む主体にありますが、相互に密接な関連があります。企業がESG経営を通じて持続可能な成長を目指すことは、結果的にSDGsの目標達成にもつながります。

図 38-2　ESGとSDGs

ESG
企業や投資家が経営を通じて取り組む考え方や姿勢。
企業の価値の評価基準ともなる。

環境
（Environment）

社会
（Social）

ガバナンス
（Governance）

SDGs
政府・企業・地域や個人を含む全世界の人々が持続可能な世界を実現するために自ら取り組む活動。

> **POINT　CSRとの違い**
> CSR（Corporate Social Responsibility）は、企業がビジネスで環境や社会に負荷をかける責任として、利益の一部を文化・社会活動や環境保護活動などを通じて社会に還元する取り組みです。ESGは社会・環境課題をビジネスそのものを通じて解決することで、企業の長期的な価値向上を目指す考え方で、CSRとは異なる発想です。

CHAPTER 14　サステナブルな航空輸送に向けて

LESSON 39
環境問題への対応

環境問題には、気候変動・汚染・生物多様性の減少などがあります。環境は地球上の命を育むために守るべきもので、次世代に引き継ぐ責任は私たち全員にあります。企業もESG経営を通して環境保全に取り組んでいます。

航空機からのCO_2排出削減への取り組み

　航空業界は、2050年までにCO_2排出量を実質ゼロにする「ネット・ゼロエミッション」の目標を掲げています。国連のCOPにおけるパリ協定の下で設定された、地球温暖化を1.5℃以内に抑える目標を達成するため、各航空会社は省燃費機材への更新、運航の工夫、持続可能な航空燃料（SAF）の活用を柱にCO_2削減に取り組んでいます。

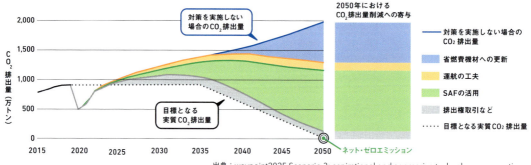

グラフ39-1　2050年ネット・ゼロエミッション実現へのロードマップ

出典：waypoint2025 Scenario 3: aspirational and aggressive technology perspective
https://aviationbenefits.org/environmental-efficiency/climate-action/waypoint-2050/

POINT　COPとは
COP（Conference of the Parties）とは「締約国会議」を意味します。条約を結んだ国や地域が参加する会議で、中でもよく知られるのが「気候変動に関する国際条約」のCOPです。正式名称を「国連気候変動枠組条約締約国会議」といいます。

省燃費機材への更新と運航の工夫

技術の進化により、航空機は燃費効率の向上や騒音の低減など、環境への負荷は年々軽減しています。例えば、2015年に商業運航を開始したエアバスA350型機は機体の約53％に炭素繊維複合材を使用し、軽量化と静音化を実現。最新エンジンにより、従来機と比較して燃料消費とCO_2排出量を最大25％削減しています。また、中長期的には電気や水素を動力とする次世代航空機の開発も進められています。

図39-1 JALの使用機材におけるCO_2排出量（従来機対比）

大型機
エアバス
A350型機

中型機
ボーイング
787型機

小型機
エアバス
A321neo型機

小型機
ボーイング
737型機

▲15～25%　　　　　▲15%

航空機のCO_2排出量は、飛行距離だけでなく、向かい風のような気象条件や降下方法にも影響されます。最適な運航方法を選択することで、燃費改善とCO_2削減につながることから、各航空会社では運航の各フェーズにおいて、さまざまなCO_2削減の取り組みを実施しています。

図39-2 運航の工夫でCO_2を削減（削減量は2023年度実績）

CO_2削減量は、運航時の合計18万8600トン、整備などの運航時以外で2万8600トン。これは、68万世帯（沖縄県の世帯数相当）の1カ月分にあたります。

CHAPTER 14　サステナブルな航空輸送に向けて

持続可能な航空燃料の導入

航空業界では、従来のジェット燃料に代わる持続可能な燃料（SAF：Sustainable Aviation Fuel）の開発・実用化が進められています。特に廃食油や木質バイオマス、藻類などを原料としたバイオジェット燃料が注目されています。SAFも従来のジェット燃料と同様に燃焼時に CO_2 を排出しますが、バイオマス由来の原料は成長過程で大気中の CO_2 を吸収するため、航空機からの排出量は相殺されると考えられています。その結果、従来のジェット燃料と比べて CO_2 を約80%削減可能となります。

SAFの課題

現在、世界のSAF生産量は需要全体の1%未満にとどまり、量産と普及が急務です。ただし、原材料の確保や製造コスト、技術面での課題もあります。日本では国産SAFの開発や導入促進に向けて、官民連携をはじめ、企業や業界の壁を越えた取り組みが進められています。

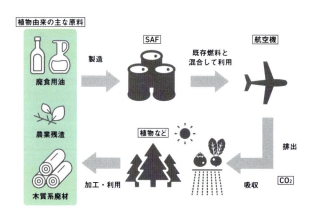

図 39-3 SAFのライフサイクル

CO₂排出権取引への対応

　航空分野はエネルギー集約型産業であり、省燃費機材への更新、運航の工夫、持続可能な航空燃料（SAF）の活用だけでは、CO₂排出量の大幅な削減は難しいと国際的に認識されています。2050年「ネットゼロ」の目標を達成するために、国連の専門機関である国際民間航空機関（ICAO）は、「市場メカニズムを活用した排出削減制度（CORSIA※）」を策定しました。この制度により、自社の取り組みで削減が難しい部分は他の場所で発生した排出削減・吸収量など（カーボンクレジット）を購入して埋め合わせることが可能となります。

※ CORSIA：Carbon Offsetting and Reduction Scheme for International Aviation

図39-4　CO₂排出権取引のイメージ

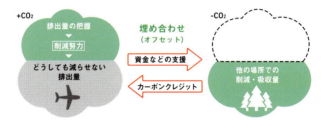

空港の脱炭素化への取り組み

　空港部門においても、国際競争力を確保するために脱炭素化の取り組みは重要です。施設や EV 車両などによる CO₂排出削減に取り組むだけでなく、太陽光発電などの再生可能エネルギーの導入を加速させる必要があります。地方空港は地域の経済や社会を支える重要な公共インフラであり、防災拠点としても機能します。そのため、地域全体の脱炭素化や国土強靱化の観点からも検討される必要があります。

図39-5　空港の脱炭素化推進の例

太陽光発電設備設置イメージ
出典：成田国際空港株式会社

地上動力設備
写真：AGP　最新型バッテリー式 GPU
（航空機用動力装置）

POINT　地上動力設備の活用

着陸後の機内電気や冷暖房には、従来の航空燃料を使う補助動力装置ではなく、空港に設置された地上動力設備を通じて供給される地上電力を最大限活用しています。これにより、排気ガスや騒音を大幅に低減できます。

CHAPTER 14　サステナブルな航空輸送に向けて

LESSON 39　環境問題への対応

限られた資源の有効活用 〜プラスチック使用量の削減〜

　プラスチックは軽くて丈夫、安価に生産できるため、機内で多く使われてきましたが、プラスチックの生産時や廃棄焼却時のCO_2の排出量が多いという課題があります。そのため、航空会社は紙や竹などの天然素材や、使用済みプラスチックのリサイクル促進を進めることで、プラスチックの使用の削減に取り組んでいます。

図 39-6
使い捨てプラスチック削減の例

洗浄後に再利用が可能。ふたは100%再生プラスチック製

再生ペットボトルを原料とした容器

国際的な認証を取得した紙製の容器とトレーマット

国際的な認証を取得した紙製のふたに変更。一部路線では紙コップのリサイクルを開始

例えばJALでは、この取り組みにより2019年度実績対比で年間主菜用の容器とふたで約150トン削減するなど、2024年度までに約1700トンの使い捨てプラスチックを削減しています。

生物多様性の保全

　生物多様性とは、生きものの豊かな個性とつながりのことを指します。地球上の生きものは40億年という長い歴史の中で、さまざまな環境に適応し進化して、約3000万種が生まれました。これらの生命はそれぞれ個性を持ち、相互に支え合いながら生きています。近年、生物多様性の保全を含む自然資本を回復するという考え方「ネイチャーポジティブ」が環境サステナビリティの分野で注目されており、企業への取り組み要請も高まっています。航空業界でも、自然と人が共生する社会を目指し、環境への影響を抑えつつ、自然の保全や体験による人流促進、自然の恵み（生態系サービス）である食材などの商流・物流の創出に取り組んでいます。

自然関連財務情報の開示

　自然関連財務情報開示タスクフォース（TNFD：Taskforce on Nature-related Financial Disclosures）は、世界の企業および金融機関などの幹部職員で構成され、企業や金融機関が自然資本（生態系や自然環境）や生物多様性に関するリスクや機会を適切に評価・開示するための枠組みを提供しています。自然資本の重要性を評価し、情報を分かりやすく開示することで、投資家が企業間の比較をしやすくなります。現在、一部の航空会社でもTNFDのガイドラインを活用し、自然環境への影響や依存関係を整理し、透明性の高い情報開示を行っています。

POINT　ネイチャーポジティブの実現

生物の絶滅速度が過去の10～100倍と速い現在、この危機的状況を食い止めるには多分野での協力が不可欠です。2022年のCOP15やG7・2030年自然協約で注目された「ネイチャーポジティブ」の考え方は、日本でも重要視され、2030年までの達成目標が掲げられました。この目標には陸と海の30%以上を保全する「30by30目標」も含まれており、気候変動対応やSDGsの目標と連携し、持続可能な社会を築くことが期待されています。

CHAPTER **14** サステナブルな航空輸送に向けて

Voice

産学官連携でのマングローブ植林と地域活性化

日本航空株式会社
経営戦略部　産学連携担当　兼
株式会社 JAL航空みらいラボ
産学共創部 企画研究グループ
小嶋 雅之

　生物多様性の保全に向けた取り組みとして、マングローブの植林を行っています。2023年9月、奄美大島・宇検村、上智大学、伊藤忠商事、日本航空の4者で産学官連携協定を締結しました。宇検村が目指すゼロカーボンシティの実現や、生物多様性の保全・回復を推進するとともに、自然と人が共生する関係の構築、および新たな人流の創出による持続的な地域活性化に取り組んでいます。

　この活動の中心が、ブルーカーボン生態系として気候変動対策で注目されているマングローブの植林活動です。宇検村は伊藤忠商事と協力し、村内の枝手久島の一部で植林を実施。JALと上智大学との共同研究の中で、植林地の土壌・水質・動植物を学術的な視点から評価し、適性を確認しました。

　現在、上智大学の学生や伊藤忠商事の社員向けに植林モニターツアーを定期開催しています。私もツアーのサポートとして参加しており、自然と触れ合いながら環境保全への貢献を実感できるとても有意義な活動です。今後も環境サステナビリティに貢献できるように取り組みを拡大していきます。

LESSON 40
人口減少の影響

日本の人口は2008年以降減少を続けており、日本経済や社会、財政などに深刻な影響を及ぼしています。国内航空需要の減少と人材不足にも直結するため、航空業界も対応が迫られています。

CHAPTER 14 サステナブルな航空輸送に向けて

人口減少が航空業界に及ぼす影響と対応

　日本の人口減少は国内航空需要の減退と人材不足に直結します。航空会社は地域需要の拡大や創出を見据えて地域活性化にも本格的に取り組んでいます。人材不足への対応として、社員の待遇改善や職場環境の改善、人員効率化、機械化の推進、また外国人雇用も進めています。

図40-1 人口減少が及ぼす影響

地域社会の存続危機
人口減が深刻な地方では、医療・交通・教育・福祉などの生活インフラの維持は困難

社会保障制度の脆弱化
少子高齢化に伴う医療介護費の増大を、減少する現役世代では支えきれなくなる

国際競争力の低下
経済規模の縮小は企業の国際市場での基盤や体力を失わせ、競争力低下を招く

経済規模の縮小と国力の低下
生産人口減に伴う人手不足は、市場や事業規模の縮小から国力の減退を引き起こす

LESSON **40**　人口減少の影響

人流・物流増加への取り組み

　人口減少に伴う地方経済の衰退は、人流・物流の縮小を招き、航空事業にも大きな影響を与えます。地域の課題解決を国や自治体だけに委ねるのではなく、航空会社が自ら地域活性化に取り組み、人流や物流を創出し、拡大することがESG経営の観点でも重要です。具体的には地域と都市間の人流・物流の創出、関係人口の拡大、さらにインバウンド（訪日外国人旅行者）の地方送客などを推進して地域活性化につなげています。

> **POINT** 関係人口とは
>
> 関係人口とは、移住した「定住人口」と観光で訪れる「交流人口」の中間に位置し、地域と多様に関わる人々を指しています。地域活性化の担い手として、国や自治体から大きな期待が寄せられています。

　地域活性化には、国内外から地域を訪問する目的や理由を作る活動が重要です。名所旧跡を見て終わりという従来型の観光ではなく、一度訪れた土地との継続的な「関係」や「つながり」を築き、くり返し訪問し、そして地域の応援団となる関係人口の創出が求められています。また、コロナ禍をきっかけに、希望をふまえて、客室乗務員が地方支店や自治体へ赴任・移住し、地域活性化に取り組む事例も増えています。

図 40-2　地域活性化に向けた取り組みの例

サウナ旅をコンセプトとした地域への人流創出

地域で廃棄予定の名産品を活用して老舗と共に和菓子をプロデュースし、新たな商流を開拓

インバウンドの地方送客

　インバウンド需要の拡大は、地域活性化においても重要です。しかし、需要が東京・大阪・京都などに集中し、渋滞や混雑の発生により観光客の満足度が低下し、地域住民の生活に悪影響を及ぼすオーバーツーリズムが課題となっています。地方の自然や文化、食を活かした観光コンテンツの開発・磨き上げや、海外への効果的な発信を通じて、地方への観光誘導を強化することが求められています。

図40-3　地方への観光誘導を強化

図40-4　JAL海外スタッフによるセミナー

POINT　インバウンドの経済効果

2024年の観光消費額は約8兆円に達し、観光業は自動車産業に次ぐ貿易黒字産業となっています。インバウンド5人分の消費で定住人口1人分を補えることから、人口減少分を補うという見方もできます。継続的なインバウンドの増加は、日本の経済成長に不可欠です。

CHAPTER 14　サステナブルな航空輸送に向けて

地域航空の維持

　地方路線の維持は、地域の空のライフラインを守ると同時に地域活性化や日本全体の経済成長にも寄与します。地域航空会社は、30～70席程度の小型機で離島や地方航空路線を運航し、地方自治体が出資している点が特徴です。日本航空（JAL）と全日本空輸（ANA）は、地域航空会社だけでは解決が難しい課題に取り組むため、天草エアライン（AMX）、日本エアコミューター（JAC：JALグループ）、オリエンタルエアブリッジ（ORC：ANAグループ）の3社と協力し、新たに設立された地域航空サービスアライアンス協議会を通じて、経営の安定化や安全性向上を図り、離島・生活路線の維持と発展、就航地域の活性化に取り組んでいます。

図40-5 地域のライフラインを守る地域航空

天草エアライン（AMX）

日本エアコミューター（JAC）

オリエンタルエアブリッジ（ORC）

系列を超えた連携

　2022年からJAL、ANA、地域航空3社はコードシェア（共同運航）を開始しました。AMX、JAC、ORCが運航する便をJALとANAが販売し、販路拡大と新規需要を創出しています。5社共同の利用促進キャンペーンなどを通じて就航地の魅力発信や販売促進を図る他、地域航空3社は同一機種（ATR機）の利点を生かし、技術支援や予備部品の共用化を進めるなど、引き続き協業を検討していきます。

図40-6 JAC運航便にJALとANA便名が記載

LESSON 41
航空人材不足への取り組み

コロナ禍で離職し不足していた空港での働き手は、待遇や職場環境の改善もあり戻りつつあります。しかし、中長期的には操縦士や航空整備士不足も懸念されており、国の支援も背景に、解決に向けた取り組みを始めています。

CHAPTER 14 サステナブルな航空輸送に向けて

航空業界が直面する人材不足

　少子高齢化に伴う生産年齢人口の減少は深刻化しており、どの産業でも人材不足は大きな問題になっていますが、航空業界も例外ではありません。特にコロナ禍では、航空需要が大きく減退し、航空保安検査員やグランドハンドリング※スタッフの離職者が増加した結果、コロナ後の航空需要の急速な回復に十分対応できない状況が大きな課題となりました。現在、職場環境や待遇改善などにより、必要な空港の人材は確保されつつありますが、今後はDX推進による省力・自動化、車両や施設の共同利用、外国人雇用など業界全体で生産性向上に取り組むことが重要です。

※グランドハンドリング：搭乗・降機サポートや手荷物の積み降ろし、貨物取り扱い、燃料補給、清掃、プッシュバックといった航空機の地上支援業務

グラフ 41-1
国内人口と
生産年齢人口
(15～64歳)割合の
推移

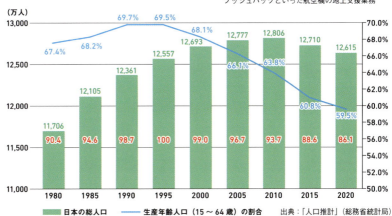

※ 赤字は1995年の生産年齢人口数を100とした場合の指数

出典：「人口推計」(総務省統計局)

LESSON 41 航空人材不足への取り組み

空港におけるDX化の推進

　DX化とは、IT技術を活用してビジネスモデルや業務プロセスを大きく変える取り組みです。空港におけるDX化の推進は自動化や省力化につながり、人材不足を補完するものとして期待されています。空港業務の持続的発展に向けて政府も支援を強化しています。具体例として、自動チェックイン機や自動手荷物預け入れ機が導入されている他、羽田空港や成田空港などの国際線では顔認証システムも活用されています。

図41-1 自動運転シャトルバス

自動運転シャトルバスが試験運行されています
出典：成田国際空港株式会社

図41-2 AIロボット技術の導入

手荷物の仕分けや搬送にAIやロボット技術を導入する検討が進んでいます（イメージ図）
出典：国土交通省

202

業界横断での取り組み

　JALとANAは生産性向上を目指し、人員や施設の効率的活用を進めています。両社の搭乗口の改札機が併設されている空港では改札機の共通化を進める他、一部の空港では、地上の空港車両を共同利用し、空港業務の効率化を図っています。さらに、2024年4月からは、両社の委託先事業者が同一である国内10空港において、グランドハンドリング分野の作業資格の相互承認制度を導入しました。この仕組みにより、教育訓練時間を大幅に短縮し、両社の作業に従事できる資格者の早期育成を実現しています。

図41-3　国内線搭乗口の共通改札機

従来、JALとANA両社の改札機がゲートに併設されていました

新しい共通改札機では、JALとANA両社のお客さまが通過できます

図41-4　ANAの地上車両でJAL機のハンドリング（福岡空港）

CHAPTER 14　サステナブルな航空輸送に向けて

LESSON 41 航空人材不足への取り組み

操縦士不足へ対応

　政府が掲げる目標のインバウンド6000万人を支えるには、現在より1割以上の操縦士の増加が必要です。しかし、グローバルな航空需要の高まりから世界的な操縦士不足が懸念されています。日本では、2030年以降、今の50代の操縦士の定年退職が相次ぐと予想されており、操縦士不足への対応は切迫した課題です。シニア人材や女性操縦士の活用推進、外国人操縦士の円滑な受け入れに加え、航空大学校での安定養成に向けた抜本的改革、操縦士コースを有する私立大学の活用など、さまざまな施策が検討されています。

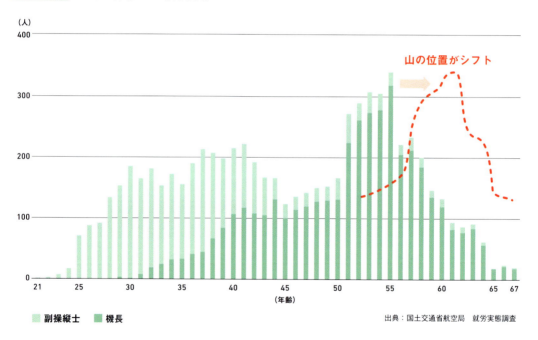

グラフ41-2　日本の操縦士の年齢構成（2023年）

出典：国土交通省航空局　就労実態調査

航空整備士不足へ対応

　航空整備士もインバウンド目標の6000万人を見据えて今後も、2割以上の増加が必要とされています。航空整備士の約6割を輩出する航空専門学校の入学者数はコロナ禍以降、大幅に減少しており、将来的な人材不足が懸念されています。資格の業務範囲を広げ、整備士1人で対応できる仕事の範囲を拡大する他、デジタル技術の活用による効率化も検討されています。また、女性整備士の活躍や外国人整備士の受け入れなども期待されています。

グラフ 41-3　航空専門学校の入学者数

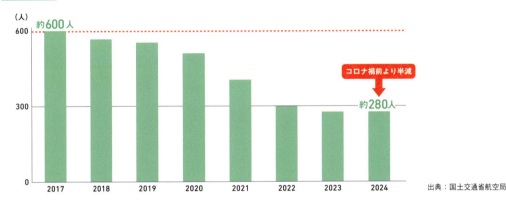

出典：国土交通省航空局

図 41-5　増加する女性整備士

POINT　外国人の雇用

人材確保が課題となっている産業分野において、専門性やスキルを持つ外国人材を確保するための在留資格として「特定技能制度」が導入されています。介護、宿泊、自動車整備業などと同様に航空業界も対象に含まれています。空港グランドハンドリング業務と航空機整備業務が対象です。

CHAPTER 14　サステナブルな航空輸送に向けて

この章のまとめ

小テストはこちら

1　社会の変化に応じて、航空業界も環境問題や社会課題解決に取り組む必要がある今、ESG経営が注目されている。

2　環境課題への対応として、脱炭素を中心とした気候変動への対応を進める他、プラスチック削減や生物多様性の保全への取り組みを強化している。

3　地域課題については、人流・商流、関係人口の新たな創出やインバウンドの地方送客、地域航空の維持に取り組んでいる。

4　空港やパイロット、整備士などの人材不足は、人口減少の中での構造的な問題であり、中長期の取り組みが求められる。

おわりに

　本書をお読みいただき、航空が単なる移動の手段を超えて、社会・経済・文化に大きな影響を与える重要な役割を果たしていることをご理解いただけたのではないでしょうか。

　近年、新型コロナウイルスのパンデミックを経て、社会の価値観や行動様式は大きく変化しました。サステナビリティへの意識が高まり、持続可能な社会の実現が求められている中、航空業界も大きな変革の時を迎えています。環境負荷の低減に向けたSAF（持続可能な航空燃料）の活用、サービスの自動化やパーソナライズ化、運航の効率化など、より良い未来を築くための挑戦が続いています。

　航空が生み出す人やモノの移動は、離れた家族や友人との再会、新たな知見や感性との出会いなど、人々の関係やつながりを創り出し、心の豊かなウェルビーイングにもつながっています。

　エアライン・ビジネスは、グローバルな視野を持ち、多様な文化と関わることができる魅力的なフィールドです。本書をきっかけに、一人でも多くの皆さまがエアライン・ビジネスに興味を持ち、「みらい」の航空業界で活躍されることを願っています。

株式会社 JAL航空みらいラボ

やさしく学ぶ
エアライン・ビジネスの世界

2025年4月1日　初版発行

著者	株式会社 JAL航空みらいラボ	
発行人	髙橋隆志	
編集人	清水栄二	
発行所	株式会社インプレス	
	〒101-0051　東京都千代田区神田神保町一丁目105番地	
	ホームページ　https://book.impress.co.jp/	

Copyright©JAL AVIOFUTURE LAB Co., Ltd. All rights reserved.

印刷所　株式会社広済堂ネクスト
ISBN978-4-295-02145-2 C0065
Printed in Japan

[執筆者一覧]
全体統括
株式会社 JAL航空みらいラボ

執筆協力
JALグループ

[写真提供]
安彦幸枝

[STAFF]
カバー・本文デザイン
村上 総 (Kamigraph Design)

カバー・人物イラスト
大原沙弥香

DTP制作
Kamigraph Design

編集協力
今井 孝

副編集長
遠山健太郎

編集長
富樫真樹

■ 本書のご感想をぜひお寄せください
https://book.impress.co.jp/books/1124101131

読者登録サービス CLUB Impress
アンケート回答者の中から、抽選で図書カード(1,000円分)
などを毎月プレゼント。
当選者の発表は賞品の発送をもって代えさせていただきます。
※プレゼントの賞品は変更になる場合があります。

■商品に関する問い合わせ先

このたびは弊社商品をご購入いただきありがとうございます。本書の内容などに関するお問い合わせは、下記のURLまたは二次元バーコードにある問い合わせフォームからお送りください。

https://book.impress.co.jp/info/

上記フォームがご利用いただけない場合のメールでの問い合わせ先
info@impress.co.jp

※お問い合わせの際は、書名、ISBN、お名前、お電話番号、メールアドレス　に加えて、「該当するページ」と「具体的なご質問内容」「お使いの動作環境」を必ずご明記ください。なお、本書の範囲を超えるご質問にはお答えできないのでご了承ください。

● 電話やFAXでのご質問には対応しておりません。また、封書でのお問い合わせは回答までに日数をいただく場合があります。あらかじめご了承ください。
● インプレスブックスの本書情報ページ　https://book.impress.co.jp/books/1124101131　では、本書のサポート情報や正誤表・訂正情報などを提供しています。あわせてご確認ください。
● 本書の奥付に記載されている初版発行日から3 年が経過した場合、もしくは本書で紹介している製品やサービスについて提供会社によるサポートが終了した場合はご質問にお答えできない場合があります。

■ 落丁・乱丁本などの問い合わせ先
FAX　03-6837-5023
service@impress.co.jp
※古書店で購入された商品はお取り替えできません。